MIK

CUANDO LA VIDA DUELE

CÓMO VER A TRAVÉS DEL SUFRIMIENTO

CON ESTUDIO BÍBLICO ADICIONAL
POR EL DR. BRUCE BECKER

Publicado por Straight Talk Libros
P.O. Box 301, Milwaukee, WI 53201
800.661.3311 • es.timeofgrace.org

Copyright © 2024 Time of Grace Ministry

Todos los derechos reservados. Esta publicación no puede ser copiada, fotocopiada, reproducida, traducida, o convertida a cualquier forma electrónica o legible por máquina en su totalidad o en parte, excepto para citas breves, sin la aprobación previa por escrito de Time of Grace Ministry.

Las Escrituras están tomadas de la Santa Biblia, NUEVA VERSIÓN INTERNACIONAL® NVI® Copyright © 1973, 1978, 1984, 2011 por Biblica, Inc.® Usado con permiso de Biblica, Inc.® Reservados todos los derechos en todo el mundo.

Impreso en los Estados Unidos de América
ISBN: 978-1-949488-90-6

TIME OF GRACE EN ESPAÑOL *es una marca registrada de Time of Grace Ministry.*

Contenido

Introducción
5

Capítulo 1:
¿Por qué Dios me deja sufrir?
11

Capítulo 2:
¿Alabaré a Dios aunque esté sufriendo?
31

Capítulo 3:
¡Dios, no otra vez!
55

Capítulo 4:
¿Cómo se supone que voy a consolar a otros?
81

Capítulo 5:
¿Dios no me dice por qué hay dolor?
105

Capítulo 6:
¿La falta de respuesta de Dios cuenta como respuesta?
129

Introducción

Si cuestionas mi fe cristiana, no sería una locura. No estoy diciendo eso porque estoy escondiendo algún secreto oscuro y pecaminoso o llevando una doble vida. Oro en la iglesia, y oro cuando estoy en casa. Escucho música de adoración y alabo a Dios en la iglesia; hago lo mismo en casa. Me encanta abrir la Biblia y leer la Palabra de Dios en la iglesia; me encanta hacer lo mismo en casa. Pero si usted cuestionó eso y preguntó, "Pastor Mike, pero ¿por qué?"—eso no sería una locura.

Durante los últimos 40 años, mi padre me ha dicho esto unas mil veces: "Hijo, no sabes lo afortunado que eres". Eso es una cosa total de papá para decirle a un niño, ¿no? "En mis días, tuvimos que..." "Los niños de hoy en día no saben lo afortunados que son". Y por mucho que quiera decir, "Oh, vale, papá", me detuve el otro día para pensar en los 40 años de mi vida. Me di cuenta de que tenía razón. He tenido altibajos; he pasado por cosas difíciles y cosas fáciles. Pero comparado

Introducción

con otras personas en este planeta, he sido bastante afortunado. No puedo relacionarme con el 71% de las canciones de la radio porque nunca he tenido un corazón roto. Conocí a mi esposa, Kim, cuando estaba en la universidad, mi primera novia. Nunca he estado roto. Nunca me han dejado. Nunca me he separado. Nunca me he divorciado. He sido bastante afortunado. Además de que me colapsara un pulmón en la universidad, he estado increíblemente saludable, tanto física como mentalmente. Nunca he tenido que luchar contra la ansiedad o la depresión; nunca he tenido problemas autoinmunes. He sido bastante afortunado.

Crecí en un ambiente muy seguro. Nunca experimenté personalmente las heridas del trauma, ni de la guerra, ni del abuso infantil. He sido bastante afortunado. ¿Sabes lo que hice ayer? Me desperté a las 6:00 A.M. y corrí seis millas con mi esposa mientras hablábamos de nuestro amor, nuestra familia, nuestras bendiciones. Fui a ver a una de mis hijas en un torneo de voleibol. Ella jugó, y el equipo no perdió ni un solo partido. Levantamos el trofeo del primer lugar, recogimos una pizza de Aldi de camino a casa, nos dimos un banquete en familia, leímos nuestra Biblia, y luego juntos los cuatro, nos acurrucamos bajo una manta difusa para ver un documental sobre Justin Bieber. Así que soy bastante afortunado. Puede que no sea tu definición de bueno, pero esa es mi definición de un gran día.

Así que si me vieras alabando a Dios, orando a Dios,

y agarrando mi Biblia, no sería una locura de tu parte hacer la pregunta: "¿Pero por qué haces eso? ¿Es Dios tu máquina expendedora celestial—te metes en los cuartos de oración y alabanza porque escupe esta vida relativamente buena? ¿Por qué crees las cosas que crees?".

Si eres una persona cristiana, que lee la Biblia, ¿alguna vez te preguntas por qué? Tal vez has pasado por altibajos, o tal vez te pareces mucho a mí. Pero es una pregunta legítima para la gente que va a la iglesia. La razón por la que digo eso, y creo que estarás de acuerdo con esto, es porque en la vida nos damos cuenta de que los motivos de una persona importan. Por ejemplo, una persona puede hacer lo correcto o decir lo correcto exteriormente, pero si su corazón no lo está haciendo por la razón correcta, eso no es bueno. ¿De acuerdo, señoras? Si estás en un bar o restaurante con tus amigos y un tipo se acerca y te compra un trago y te dice que eres la chica más guapa del lugar, ¿es un buen tipo? Bueno, todavía no lo sabes. Está haciendo algo aparentemente agradable, pero ¿cuál es su motivo? ¿Lo dice en serio? ¿Es para ti o para él? Los motivos importan.

O imagina que estás caminando por el centro comercial y estás teniendo un día difícil. Pasas por uno de esos quioscos justo en el medio del pasillo y la persona, es la persona más agradable que has conocido en toda la semana. Quiere que te detengas y hables. Quiere escucharte y saber tu nombre y tu historia. ¿Es la persona más amable del centro comercial? *Hmm*. Bueno, aún no lo sabes, ¿verdad? ¿Solo quiere tu dinero? ¿Su venta? ¿Su negocio? ¿Su comisión?

Le decimos a nuestros hijos a veces cuando son muy pequeños: "No aceptes dulces de cada persona que te los de". ¿Abuela? Claro. ¿Abuelo? Bien. ¿Extraño? No. Y la razón por la que decimos eso a nuestros hijos es porque los motivos de una persona importan.

Lo mismo sucede con Dios. La Biblia dice que Dios es amor, y nos ama intensamente. El mandamiento más importante para la gente como nosotros es amar a Dios con todos nuestros corazones, todas nuestras almas, todas nuestras mentes y todas nuestras fuerzas. Y porque ese es el caso con Dios, nuestros motivos importan. Jesús habló de esto todo el tiempo. Había gente que iba a la iglesia y leía sus Biblias y oraba y daba a los pobres, pero Jesús hacía preguntas que llegaban a sus corazones: "¿Por qué haces eso? ¿Es por un amor humilde, agradecido, sincero por Dios o no?".

Esta pregunta es una de las 15 razones por las que no puedo esperar para estudiar el libro de Job contigo a través de este libro. No estoy seguro si has leído Job antes, pero es un libro misterioso, extraño, interesante, cautivador, largo, prolongado y también extenso que está escondido en el Antiguo Testamento de la Biblia. Se trata de muchas cosas de las que hablamos hoy. Se trata de por qué le pasan cosas malas a la gente buena. Se trata de por qué a veces no hacemos nada malo y todo sale mal. Se trata de cómo vivimos en comunidad en medio de la tragedia, lo que decimos y lo que no deberíamos. Se trata de las razones de Dios para dejar que nos sucedan cosas que no entendemos completamente. Y es un libro que necesitamos estudiar.

Antes de entrar en Job, sin embargo, quiero decirte de qué creo que se trata el libro de Job. En su esencia, el libro de Job trata sobre el amor de Dios. ¿Nos ama realmente Dios? Si permite que ciertas cosas sucedan, si sabe de todo, si tiene el poder de controlar, si sería fácil para Dios terminar con todo nuestro dolor y proporcionar respuestas para todo lo que hemos pasado, ¿es realmente amor de Dios? Y al mismo tiempo, hay esas preguntas que mencioné antes: ¿Por qué la gente ama a Dios? ¿Por qué amarías a Dios? Cuando estés en la cima de la montaña o en el valle más oscuro de sombra de muerte, ¿amarás a Dios y por qué amarás a Dios? Vamos a explorar esas preguntas en el libro de Job porque el libro de Job es sobre el amor de Dios.

— Capítulo 1 —

¿Por qué Dios me deja sufrir?

Empecemos por sumergirnos en Job capítulo 1: **"En la tierra de Uz vivía un hombre cuyo nombre era Job. Este hombre era intachable y recto; temía a Dios y evitaba el mal"** (versículo 1). Los estudiosos de la Biblia no están exactamente seguros de dónde estaba Uz, y no son positivos cuando Job vivió; la mayoría de la gente piensa alrededor de 2,000 a.C. Pero sabemos esto: Job era un buen tipo. La primera cosa que leemos, después de encontrar la ubicación en el planeta, es que este hombre era intachable y recto, temía a Dios, y rechazó el mal— cuatro cosas sorprendentes sobre este hombre.

Esta es la manera de la Biblia de decir que Job era legítimo. No era solo un tipo que daba un espectáculo en la iglesia. Si lo podían ver detrás de la cortina, era intachable y recto, sin duplicidad. Su corazón estaba lleno de integridad. Dice que temía a Dios, lo cual es una forma de decir que estaba asombrado de Dios. Cuando escribió el nombre de Dios, probablemente lo hizo en mayúsculas. DIOS era en quien él creía. Y evitaba el mal. Cuando la tentación llamó a su puerta, Job la bloqueó. No era que Job no tuviera pecado, pero era cierto que Job pecaba menos. Era un buen tipo. Y como estamos a punto de descubrir, tenía una vida realmente buena.

Echa un vistazo a los versículos 2 y 3: "[Job] **tenía siete hijos y tres hijas, y poseía siete mil ovejas, tres mil camellos, quinientos yugos de bueyes y quinientos burros, y tenía un gran número de sirvientes. Él era el hombre más grande entre toda la gente del Este**".

Job era la CABRA, ¿verdad? ¡El Más Grande de los Tiempos Antiguos! ¡Son muchos camellos por cierto-3,000! Tenía una mega iglesia llena de camellos. Si un yugo de bueyes es 2 bueyes, tenía 11,500 animales y un gran número de empleados y sirvientes. La gente pensó en Job y dijo: "Ese es el hombre". Y tenía 10 hijos. Era un hombre extremadamente bendecido—relacional, financiera, social, y culturalmente. La Biblia dice que él era "el hombre más grande entre todos los pueblos de Oriente".

Y en caso de que estés pensando, "espera, conozco gente como esa—súper exitosos directores ejecutivos, empresarios. Nunca están en casa. Sus vidas son un desastre. Sus matrimonios se están desmoronando. Sus hijos los odian". Mira los versículos 4 y 5: "**Sus hijos** [de Job] **acostumbraban a turnarse para celebrar banquetes** el día de sus cumpleaños e invitaban a sus tres hermanas a comer y beber con ellos. Una vez terminado el ciclo de los banquetes, Job se aseguraba de que sus hijos se purificaran delante de Dios. Muy de mañana ofrecía un holocausto por cada uno de ellos, pues pensaba: «Tal vez mis hijos hayan pecado y maldecido[a] en sus corazones a Dios». Para Job esta era una costumbre cotidiana".

Wow. Es una familia funcional. La Biblia no tiene muchas de esas. Pero, ¿lo viste? Sus hijos celebraban sus fiestas de cumpleaños en sus casas. Tenían una cena de ida y vuelta. Los diez hermanos se reunieron, se amaban. Job era un buen padre; ¿te diste cuenta de lo que hizo? Job no vio a sus hijos pecar—"Oh, mis hijos se pierden cada vez que tienen una fiesta de cumpleaños". Él no los escuchó pecar—"Oh, ellos chismorreaban cuando todos se juntaron". No, Job dijo, "Quizás mis hijos han pecado y maldecido a Dios en sus corazones". Él estaba preocupado por su relación con Dios.

Los detalles son fascinantes. Dice que Job hizo preparativos; él planeó esto. La primera cosa en su lista cuando se levantó por la mañana fue sacrificar una ofrenda quemada. En la Biblia, una ofrenda quemada era todo el animal; solo se la dabas a Dios. Era la ofrenda más cara. Job hizo esto para cada uno de sus hijos, no solo un animal para todos los hijos, sino diez animales para los diez hijos. Y dice al final del versículo 5 que esta era la "costumbre cotidiana de Job". Era un padre moderno que amaba tanto a sus hijos que no solo los besaba en la frente antes de acostarse; se arrodillaba junto a sus camas y oraba para que amaran a Dios con todo su corazón, todas sus almas, todas sus mentes y todas sus fuerzas. ¿Qué aprendiste en los primeros cinco versículos del libro de Job? Job es un tipo muy bueno que tiene una vida muy buena.

Pero luego la trama da un giro. En la escena quizás más extraña de la Biblia, leemos esto: **"Llegó el día en que los hijos de Dios debían presentarse ante el Señor y con ellos llegó también Satanás. Y el Señor preguntó: —¿De dónde vienes? —Vengo de rondar la tierra y de recorrerla de un extremo a otro—respondió Satanás. —¿Te has puesto a pensar en mi siervo Job? —volvió a preguntarle el Señor—. No hay en la tierra nadie como él; es un hombre íntegro e intachable, que me honra y vive apartado del mal"** (versículos 6-8).

Y la mitad de los cristianos dicen: "¡¿Qué?! Espera, no. Dios está en el cielo, ¿verdad? Y todos los ángeles están a su alrededor alabando y adorando. Eso tiene sentido para mí. ¿Y Satanás vino con ellos? ¿Qué? ¿No está Satanás en el infierno, realmente distante de la presencia de Dios en el cielo?". Esas son buenas preguntas. Esta es una madriguera muy profunda, muy interesante, y esto es lo esencial: Resulta en la Biblia que Dios es tan poderoso que de vez en cuando mantiene reuniones con todos los santos ángeles buenos y todos los caídos. Los buenos aman a Dios y confían en Dios; los caídos no. Pero Dios, en su poder y en sus planes, los usa a todos para bendecir a personas como tú.

Los buenos son enviados como siervos; los malos, en sus engaños y mentiras, piensan que van a tropezar con el pueblo de Dios, pero Él tiene un plan más grande. Sucede en el libro de Job, y realmente sucedió con Jesús mismo. ¿Recuerdas quién llenó el corazón de Judas para traicionar a Jesús? Satanás lo hizo. Y después de la traición, ¿qué pasó? Dios aplastó la cabeza de Satanás y perdonó tus pecados y te rescató para que pudieras estar con Dios en el paraíso para siempre. Dios está controlando todo. No es una cosa yin-yang, bueno vs. malo; es Dios aquí, y todo lo demás allí.

Pero en lo que quiero entrar es en lo increíblemente orgulloso que Dios estaba de su siervo Job. ¿Te diste cuenta de eso? Dios fue el que trajo a Job a la conversación. "Satanás, ¿dónde has estado? ¿Vagando por la tierra? Ah. ¿Has visto a Job? Mi siervo Job es intachable y recto, me teme, y evita el mal". Es increíble pensar en eso. Dios estaba en el cielo, rodeado de ángeles, y estaba presumiendo a su amado hijo Job. Ahora mismo Dios no solo está dirigiendo el universo y evitando que las estrellas choquen entre sí; en realidad está hablando con seres angelicales sobre sus siervos en la tierra. Y aquí Él dijo: "Satanás, ¿ves a este hombre? Él me ama. Y yo lo amo". El libro de Job es acerca del amor de Dios, y Job ama a Dios porque Dios lo amó primero.

En hebreo, Satanás es literalmente "el satanás", y Satanás en hebreo significa "enemigo" o "adversario". Satanás no iba a decir amén a este gran efusividad entre

Dios y su querido siervo Job. Él iba a sembrar semillas de duda, y eso es lo que hizo a continuación: **"Pero Satanás le respondió al Señor: «¿Y acaso Job teme a Dios sin recibir nada a cambio? 10 ¿Acaso no lo proteges, a él y a su familia, y a todo lo que tiene? Tú bendices todo lo que hace, y aumentas sus riquezas en esta tierra. 11 Pero pon tu mano sobre todo lo que tiene, y verás cómo blasfema contra ti, y en tu propia cara»"** (versículos 9-11).

Esencialmente, Satanás preguntó: "¿Pero por qué? Oh, veo a tu siervo, Dios. Sí, él te sirve. Ofrece sacrificios, uno por cada hijo, pero ¿por qué lo hace, Dios? No es porque te ama; es porque te está usando. Tu has establecido esta protección, está valla alta alrededor de la vida de Job, y todo es bueno por dentro y todo es malo por fuera. ¿Por qué no te alabaría?".

Una paráfrasis de la Biblia dice que Satanás le dijo a Dios: "Dios, lo mimas como a tu mascota. Así que se sienta y se queda porque sabe que está a punto de recibir un regalo, ¿verdad? Tú pones protección. Hay pobreza allá afuera, pero Job es rico aquí. Hay familias disfuncionales ahí afuera, pero la de Job no lo es aquí. Por supuesto que te alaba; ¿quién no te alabaría si obtuviera tanto? Pero te diré una cosa, Dios. Hagamos un trato, Dios. Golpéalo y veremos lo que hay en su corazón. Disminuye sus bendiciones, y él aumentará sus maldiciones. Y quizás no lo diga en su corazón; él te lo dirá, Dios, directamente a tu cara. Aumenta su dolor, y Job disminuirá su alabanza".

Y Dios, sorprendentemente, dijo: "Trato". Versículo

12: **"Entonces el Señor le respondió a Satanás: «Ahí está Job. Haz lo que quieras con todas sus riquezas. Pero te prohíbo que a él le hagas daño». Y dicho esto, Satanás salió de la presencia del Señor".** Y en este capítulo, vamos a ver exactamente lo que Satanás le hizo a Job. Vamos a ver exactamente cómo reaccionó Job ante Dios, hashtag #*tienesquevolver*.

Por ahora, sin embargo, quiero que destaquen esta gran idea. Es la idea de que Dios y Satanás están de acuerdo: *El dolor lo demuestra*. Si estás en mi barca, puedes orar y alabar; puedes dar, puedes recoger y puedes echar raíces en Jesús. Todo eso está bien, pero no está probado. Solo cuando Dios permite el dolor y alguien reacciona con alabanza se demuestra la fe.

El libro de 1 Pedro del Nuevo Testamento, escrito por Pedro, el amigo cercano de Jesús, en realidad habla mucho de esto. Se trata de que sufrir a veces cuando no es tu culpa. Y en 1 Pedro 1:7, Pedro dice que cuando pasas por el fuego y las pruebas y el dolor, y todavía te aferras a Jesús, eso prueba la autenticidad de tu fe. Tienes que saber que no estás usando a Dios cuando Dios quita y tú todavía alabas.

Es por eso que en este capítulo quiero escribirles directamente a aquellos que no están en mi barca. Es para aquellos que no pueden decir que ayer fue un gran día. Para aquellos que conocen el aguijón, la tristeza, el dolor y que luchan contra las lágrimas la mayoría de los días de la semana.

Una de las cosas agridulces de ser pastor es que oigo hablar mucho del dolor. Pienso en las parejas que han abortado recientemente. Ellos tenían grandes sueños y esperanzas de empezar una familia, y luego Dios dijo: "No". Pienso en la gente, en el gran número de personas en mi iglesia, que han sufrido un trauma. Fueron a servir a nuestro país y llegaron a casa con pesadillas y recuerdos que no pueden controlar y se encuentran buscando un frasco de pastillas. Oraron, y Dios no lo ha solucionado. Pienso en todas las personas que saben lo que es decir: "Te amaré pase lo que pase", y luego no funciona. Está el dolor del divorcio y la amargura de la separación y la angustia de estar atrapado en medio de un matrimonio desordenado que no es lo que pensaban que sería. Pienso en aquellos que han sido abusados en sus vidas, verbal, emocional o sexualmente. Pienso en cómo eso afecta a las personas.

Pienso en la joven pareja de nuestra iglesia que durante casi todo su matrimonio ha estado lidiando con el cáncer. Han estado lidiando con quimio, con enfermedad y con cirugías. Pienso en aquellos que tienen depresión que se mantiene sobre sus cabezas como una nube todo el tiempo. Y mientras me lamento y oro por esto, me encanta cuando ellos piden ayuda, hay algo que diré sobre el dolor. Esto lo demuestra. Si ellos aún están adorando en la iglesia, si ellos están levantando el nombre de Jesús y diciendo, "Cristo sea magnificado", lo demostraron.

Lo diré de esta manera: Imagina que una mano

vendada representa el quebrantamiento de tu vida. Imagina que el vendaje es el dolor, la tristeza, la adicción y el dolor del corazón. Si doblas esa mano vendada con tu otra mano para orar, lo demuestras. Si levantas tu mano vendada mientras cantas alabanzas a Dios, lo demuestras. Si vas a la iglesia, das la mano a los otros, te reunes en el nombre de Jesús aunque la vida haya sido dura, lo demuestras. Si le das una ofrenda a Dios a pesar de que no tienes mucho, lo demuestras.

Si has pasado por quebrantamiento, entraste cojeando a la iglesia, y aún así amas a Dios, lo has demostrado. A Satanás le encantaría difamar a Dios todo el día; le encantaría decir que estás usando a Dios para algo bueno. Le encantaría decir que tu fe es falsa y que Dios no es digno de alabanza. Pero cada vez que abres la Biblia en medio de tu dolor, lo demuestras. Cuando entras a la iglesia, cierras la boca del diablo. Cuando entras cojeando a la iglesia, demuestras que Dios es digno de tu amor. Cuando cantas al final de tus días más difíciles, pruebas que Dios es digno. Estás probando que Satanás es el padre de la mentira y que Dios es un Padre que es digno de toda alabanza.

Odio tu dolor. Y me encanta, porque lo único que tú y yo queremos más que nada es decir, "Dios, eres digno de todo".

Hace un tiempo, un niño de cinco años de mi iglesia estaba rastrillando hojas con su abuela en medio de un hermoso y soleado día. Tropezó y cayó directo al fuego. La abuela lo recogió, pero estaba quemado. Estaba mal. Fue llevado de urgencia al hospital, y los médicos metieron a este niño pequeño en una ambulancia para tratar de aliviar su dolor y llevarlo a la unidad de quemados en Madison. Cuando llegó allí,—este niño pequeño, con dolor, habiendo caído en el fuego,—¿sabes lo que dijo? "Jesús me sanará". Cinco años de edad.

Quizás nunca hayas sentido el fuego del dolor y del sufrimiento. Pero quizás has estado en el fuego. Quizás tienes las cicatrices de ese sufrimiento. Puedes decir, como este hermanito en Cristo, "Jesús me sanará. Él es suficiente. Él está aquí ahora. No voy a volverme contra Dios. No voy a acusarlo. No, yo sé que Él está conmigo. Él puede permitir este dolor. Él puede permitir esto. Él puede arruinarme. Él puede matarme, pero hoy lo alabaré". Espero que tú también lo hagas. A pesar de que ocurrió el divorcio. Aunque el cáncer pueda matarte. Aunque la extrañes tanto. Aunque desees poder volver atrás y deshacer lo que te pasó. A pesar de que...lo haré, lo harás...porque Dios es todo lo que necesitamos.

¿Cómo se hace eso—seguir confiando en Dios, seguir alabándolo—a pesar de la lucha? No sé cuándo esto vendrá para mí, pero vendrá. Va a haber un día—puede que sea mañana o dentro de 30 años—un momento en el que no lo pase tan bien. ¿Cómo nos preparamos para el próximo momento de dolor?

Quiero terminar este capítulo con una pista rápida. Lea Job 1:1-12 otra vez. Estos versículos increíbles de la Biblia contienen algo poderoso. Déjame mostrarte: Dios,

Dios, Señor, Señor, Señor, Señor, Dios, Dios, Señor, Señor. ¿Te diste cuenta de eso antes? Resalta las palabras para que las veas aún mejor: *Dios, Dios, Señor, Señor, Señor, Señor, Dios, Dios, Señor, Señor*. Diez veces en este medio capítulo de la Biblia escuchamos acerca de Dios. Y si supieras hebreo, dirías, "¡Vaya!" El nombre hebreo de Dios, *Elohim*, implica energía, poder, fuerza. La palabra hebrea para Señor, algunas Biblias la ponen en mayúsculas, es *Yahvé, Jehová*. Esto significa "Yo Soy". Significa el Dios de amor, el Dios que cumple sus promesas, el Dios que siempre está ahí para nosotros. Al comienzo del libro más doloroso de la Biblia, vemos a Elohim, el Dios de poder, y a Yahvé, el Dios de amor. Coloca a esos dos juntos y encuentra un Dios digno de alabanza.

A Satanás le encantaría decirte la próxima vez que ocurra el dolor, "Dios es tan poderoso, ¿verdad? Él dirige el espectáculo, pero, ¿te ama? Él es Dios; Él podría detenerlo. Él podría curar un cáncer como ese o curar a los niños enfermos o solucionarlo todo. Él es tan poderoso, entonces, ¿por qué no lo hace por ti? Él no te ama; tú no deberías amarlo a Él". Y cuando eso llegue, ¿sabes lo que le vas a decir a Satanás? "El dolor lo demuestra. Mi Dios no es solo el Dios Todopoderoso que se sienta en el trono en el cielo. Mi Dios es el Dios de la cruz, y lo demostró. Hace dos mil años, Jesús vino a este mundo y no se quedó en un campo de fuerza sobrenatural que mantuvo el quebrantamiento fuera y la bendición dentro. En cambio, Él pasó por el dolor por mí. Los clavos lo demostraron. La corona lo demostró. La cruz lo demostró".

Cada vez que tú y yo nos preguntamos en medio de nuestro sufrimiento y dolor, "¿Dios me ama?", nosotros fijamos nuestros ojos en Jesús y decimos: "Él debe hacerlo porque el dolor lo prueba. Él no puede estar usándome por mi dinero, mi tiempo, mis oraciones, mi alabanza. ¿Quién pasaría por algo así a menos que esto fuera amor?".

Debido a ese amor, como escribió recientemente uno de mis amigos: "Hay una conversación en el cielo ahora mismo sobre ti, y es increíblemente amable". No sé si Satanás se presentó hoy a una reunión de personal de todos los ángeles, pero me pregunto si Dios dijo: "¿Has visto a mi siervo? Ella tiene cáncer, y vino a la iglesia. Él pasó por un divorcio, y hoy oró a mi. Ella es una víctima de abuso, pero ella aún cree que soy bueno. Él cayó en el fuego. Ella ha luchado contra la adicción. Ellos saben lo que es sufrir, y miren dónde están. ¿Han visto a mis siervos? Ellos me aman. Y les di una buena razón para hacerlo".

El dolor lo demuestra. Nuestro dolor prueba que amamos a Dios. El dolor de Dios prueba que Él nos amó primero.

Oración

Querido Señor, eres digno de toda gloria, honor y alabanza. Estoy aquí hoy, quizás en lo más alto o quizás en lo más bajo, pero estoy diciendo que eres digno de gloria, honor y alabanza. Dios, no siempre te entiendo. Siento que si tuviera el control de todos los botones y palancas, haría las cosas de manera muy diferente a como las haces tú, pero no soy tú. No sé nada, y tú lo sabes todo. Así que con humildad me arrodillo ante la cruz y digo: "Hágase tu voluntad". Y levantaré tu nombre porque creo que eres digno de él. Tú eres el Dios que tiene todo el poder en el mundo, sin embargo sometiste ese poder cuando tu Hijo murió en una cruz.

Jesús, tú eres el que caminó sobre las olas. Resucitaste a la gente de entre los muertos. Pero en la cruz, Jesús, no hiciste nada para disminuir tu dolor y sufrimiento; no interviniste en tu propio nombre. Lo hiciste para probar tu amor por mí. Gracias, Dios, por tu perdón y gracia por mis pecados. Gracias porque la sangre de Jesús cubre todas mis dudas y preguntas y los momentos en que me volví contra ti. Gracias porque si invoco el glorioso nombre de Jesús hoy, puedo estar seguro de que terminaré en un lugar donde no haya quebrantamiento, ni dolor, ni lágrimas, ni enfermedad. Gracias por la esperanza del cielo, y gracias por estar conmigo mientras estoy aquí en la tierra. Mientras estudio este libro de Job, Dios, mantén tu amor siempre delante de mí. Oro por todas estas cosas en tu poderoso nombre. Amén.

Para Estudio Adicional: ¿Por qué Dios me deja sufrir?

Dr. Bruce Becker

Según el Pastor Mike, ¿de qué trata el libro de Job?

En el capítulo 1, Pastor Mike se dirigió al propósito de Dios de permitir el dolor en nuestras vidas. Pero antes de nosotros profundizar en la enseñanza, consideremos algunos de los antecedentes del libro de Job a los que hizo referencia el Pastor Mike.

En Job capítulo 1, aprendimos acerca de un hombre llamado Job que vivía en Uz: **"En el país de Uz vivía un hombre llamado Job"** (versículo 1).

¿Te has preguntado alguna vez si Job era un ser humano de la vida real o solo un personaje en una historia inventada? ¿Es el libro de Job un relato histórico o solamente una obra de ficción super larga diseñada para enseñar una lección espiritual sobre el dolor, la paciencia y la perseverancia? Estas son preguntas que la gente se ha hecho a través de los siglos.

Recibimos ayuda para responder estas preguntas de otros tres lugares en la Biblia (fuera del libro de Job) que mencionan a Job por su nombre. Dos están en el libro de Ezequiel y la tercera está en el libro de Juan.

> "La palabra del Señor vino a mí y me dijo: «Hijo de hombre, si un país peca contra mí y persiste en su infidelidad, yo levantaré mi mano contra él; haré escasear los alimentos y lo sumiré en el hambre; arrasaré a sus habitantes y a sus animales. Y si Noé, Daniel[a] y Job vivieran en ese país, solo ellos se salvarían por su justicia. Lo afirmo yo, el Señor y Dios»". (Ezequiel 14:12-14)

> "Y, si yo enviara plaga a ese país y derramara sobre él mi ira mortal para eliminar a sus habitantes y a sus animales, aunque Noé, Daniel y Job vivieran allí, tan cierto como que yo vivo, dice el Señor y Dios, ni sus hijos ni sus hijas sobrevivirían. Solo ellos se salvarían por su justicia". (Ezequiel 14:19,20)

> "Hermanos, tomen como ejemplo de sufrimiento y de paciencia a los profetas que hablaron en el nombre del Señor. En verdad, consideramos dichosos a los que perseveraron. Ustedes han oído hablar de la perseverancia de Job y han visto lo que al final le dio el Señor. El Señor es muy compasivo y misericordioso". (Santiago 5:10,11)

¿Basado en estas tres secciones de las Escrituras, cómo responderías la pregunta de si Job era un personaje ficticio o una personaje histórico?

"En la tierra de Uz" suena extrañamente similar a "la tierra de Oz" de la película clásica *el Mago de Oz*. En la película, Oz es un país de fantasía lleno de pequeñines, monos voladores, brujas y tres compañeros únicos que acompañaron a Dorothy para encontrar al mago.

Entonces ¿qué pasa con la tierra de Uz? ¿Fue un lugar imaginario o una ubicación geográfica real? Recibimos ayuda para responder estas preguntas en otros dos lugares de la Biblia. Uno está en el libro de Jeremías. El otro está en el libro de Lamentaciones.

En Jeremías 25:15-26, hay una lista de lugares y personas sobre quienes el Señor traería juicio. Jeremías debía darles a cada uno de ellos una "copa de ira" de la mano del Señor. La lista incluye a Jerusalén, Judá, el faraón rey de Egipto y todo el pueblo egipcio, los reyes de Uz, todos los reyes de los filisteos, Edom, Moab y muchos otros.

En Lamentaciones 4:21, Jeremías entrega un mensaje similar de juicio sobre la gente de Edom debido a su fracaso en adorar y servir al Señor: **"¡Regocíjate y alégrate,** hija de Edom, que vives como reina en la tierra de Uz! ¡Pero ya tendrás que beber de esta copa!".

Con base en estas dos secciones de las Escrituras, ¿cómo responderías a la pregunta de si Uz era un lugar imaginario o una ubicación geográfica real?

El Pastor Mike describió a Job como la CABRA—el más grande de los tiempos antiguos. ¿Puedes identificar 4 o 5 características/reales en la vida de Job que lo hagan el hombre más grande de la antigüedad?
1.
2.
3.
4.
5.

El Pastor Mike indicó que no tenía tiempo para abordar la pregunta de por qué o cómo Satanás apareció un día con los ángeles del Señor. Exploremos la pregunta aquí: **"Llegó el día en que los hijos de Dios debían presentarse ante el Señor y con ellos llegó también Satanás. Y el Señor preguntó: —¿De dónde vienes? —Vengo de rondar la tierra y de recorrerla de un extremo a otro —respondió Satanás"** (Job 1:6,7).

Con base en estos dos versículos, ¿cuáles son los dos lugares donde Satanás tiene la habilidad de viajar?

Esto nos lleva a dos preguntas relacionadas: ¿Qué hace Satanás cuando viaja alrededor de la Tierra? y ¿Qué hace Satanás cuando se presenta ante el Señor en el cielo? El Pastor Mike explicó que Satanás es nuestro enemigo o adversario. No tiene ningún interés en nuestro bienestar, por lo que definitivamente no viajará por la tierra para determinar cómo puede ayudarnos. Entonces, ¿qué está haciendo?

Hay otro término que la Biblia usa para describir a Satanás y sus actividades enemigas. La palabra es acusador. Lee Apocalipsis 12:10: **"Han llegado ya la salvación y el poder y el reino de nuestro Dios; ha llegado ya la autoridad de su Cristo. Porque ha sido expulsado el acusador de nuestros hermanos, el que los acusaba día y noche delante de nuestro Dios".**

¿Con qué frecuencia se involucra Satanás en la actividad de hacer acusaciones?

Cuando Satanás deambula por la tierra, ¿qué está buscando de entre los "hermanos y hermanas" (creyentes en Jesús) que puede traer ante Dios?

En Job 1:8, el Señor tiene una sugerencia para Satanás mientras deambula por la tierra: "—¿Te has puesto a pensar en mi siervo Job? —volvió a preguntarle el Señor—. No hay en la tierra nadie como él; es un hombre íntegro e intachable, que me honra y vive apartado del mal".

En tus propias palabras, ¿qué estaba diciendo el Señor acerca de Job?

———

Satanás ya había considerado a Job, el siervo del Señor, en sus viajes por el mundo porque hizo una acusación contra Job.

¿Cuál fue la acusación de Satanás contra Job? (Job 1:9,10)

———

¿Cuál fue la sugerencia de Satanás al Señor? ¿Cuál era la expectativa de Satanás si el Señor hiciera lo que Satanás sugirió? (Job 1:11)

———

¿Cómo respondió el Señor a la sugerencia de Satanás? (Job 1:12)

Ponte en las sandalias de Job. ¿Qué pasaría si este no fuera el libro de Job que estamos leyendo sino el libro de _____ (inserte su nombre)? ¿Cómo responderías a las siguientes preguntas?

>Cuando Satanás deambula por la tierra y te encuentra viviendo tu vida, ¿qué acusaciones podría llevarle al Señor sobre ti?

Cuando el Señor escucha las acusaciones de Satanás acerca de ti, ¿cómo crees que se desarrollaría esa conversación? ¿Cómo crees que respondería el Señor? Antes de responder estas preguntas, lee Zacarías 3:1-10 y primero considera las siguientes preguntas por tu cuenta o discútelas con otras personas de tu grupo:

>¿A quién estaba acusando Satanás en esta ocasión?

>¿Qué representaba la ropa sucia de Josué?

>¿Quién es el "Renuevo" al que se hace referencia en el versículo 8? (Para obtener una pista reveladora, lee Jeremías 23:5,6).

>¿Cuál es la conexión entre el Renuevo y que Josué consiguiera ropa limpia para usar?

>Teniendo en mente a Job y Josué, ahora puedes responder la pregunta: ¿Cómo crees que respondería el Señor a las acusaciones de Satanás contra ti?

¿Cuál es para ti la conclusión más importante del capítulo 1?

— Capítulo 2 —

¿Alabaré a Dios aunque esté sufriendo?

Si fueras el diablo, ¿cómo lo harías?

Se que es una pregunta seria para comenzar un capítulo. Pero si fueras el diablo, ¿cómo lo harías? A veces pensamos que el diablo y los demonios son esas fuerzas oscuras que intentan asustarnos al estilo de una película de terror, mantenernos despiertos por la noche y golpearnos en la oscuridad, pero eso no es bíblico. Lee la Biblia y descubrirás que el mayor objetivo de Satanás, aquello por lo que se queda despierto por la noche conspirando y planificando, es simplemente esto: separarte a ti y a Dios de una relación definida por el amor. Esta idea de que Dios es amor; que Dios ama al mundo; que Dios dio a su Hijo; que nuestros pecados son perdonados y esto significa tanto para nosotros que queremos amar a Dios con todos nuestros corazones, almas, mentes y fuerzas... eso es en lo que Satanás quiere meterse.

A él realmente no le importa como lo hace. El puede

volverte muy amargado con la iglesia, la religión y Dios. O el puede hacer que estés muy ocupado con cosas realmente buenas que se interponen en el camino de lo mejor. Pero le importa muchísimo hacerlo. A él le importa que personas como tu no vayan a la cama pensando, "Dios es tan amoroso, y yo amo tanto a Dios". Hay una docena de formas y tácticas diferentes que Satanás puede usar, pero yo pienso que si miras la historia, tendrías que decir que una de sus estrategias más efectivas ha sido el dolor.

A veces el dolor lleva a la gente a la Biblia y la oración, pero lo que a menudo ocurre—y apuesto que te ha pasado a ti—es que el dolor se convierte en un signo de interrogación sobre el amor de Dios, ¿verdad? En realidad, es muy lógico; entiendo por qué la táctica funciona. Si alguien tiene todos los recursos y el poder para solucionar tu problema y simplemente se sienta y no te ayuda, debes empezar a preguntarte: "Bueno, ¿realmente me aman?". Y entonces, esta idea bíblica de que Dios nos ama y también es todopoderoso y omnipotente no siempre tiene sentido cuando sufrimos. "Si Dios es tan poderoso y tan amoroso, ¿por qué yo pasaría por algo tan difícil?"

Pensé en esa lucha cuando leí las cosas que muchas personas en mi congregación me enviaron. Hace un tiempo, una encuesta fue enviada a los miembros de mi familia de la iglesia, y la encuesta tenía dos preguntas. Pregunta uno: ¿Cuál es la cosa más difícil por la que has pasado en la vida? Pregunta dos: ¿Qué pasó con tu visión de Dios cuando eso sucedió? Setenta y siete miembros de la familia de la iglesia respondieron, y leí historia tras historia, tras historia, tras historia, tras historia.

¿Sabes cuáles eran las historias más difíciles de leer? Las de las relaciones. Reflexionando sobre la vida, algunas personas dijeron que las cosas más difíciles eran cuando el negocio no funcionaba, cuando no podían pagar sus cuentas. Eso surgió una, dos, quizás tres veces. Y mucha gente habló de cosas físicas: el cáncer regresó, las luchas con sus cuerpos y el dolor, la hospitalización; eso fue muy real. Pero lo más desgarrador era leer los momentos en que Dios no arreglaba las relaciones que más importaban. Ya sabes, cuando quieres encontrar el amor y no puedes. O crees que encontraste el amor, y entonces no funciona. Cuando quieres empezar una familia, pero eres infértil. O Dios te da una familia, y luego abortas.

Creo que muchos de nosotros, en el fondo, solo queremos grandes amistades, grandes relaciones. Queremos estar cerca de nuestros padres, queremos encontrar el amor, y tal vez muchos de nosotros queremos tener hijos. Cuando eso no sucede y cuando le pides a Dios no una ni dos veces sino que le ruegas durante años y Él no lo arregla, entonces haces la pregunta: "¿En serio? Tú eres el Dios que puede separar los mares. Puedes convertir el agua en vino. ¿Puedes hablar y la gente existe, pero no puedes presionar un botón y bendecirme?". Es una gran lucha en un mundo como este, con vidas como la nuestra creer desde el primer día hasta el último la frase más básica de la Biblia: Dios es amor. Punto.

Así que o has pasado por algo realmente doloroso, o estás justo en medio de ello ahora y no tienes que pensar mucho para aplicar esto a tu vida. O tal vez va a suceder antes de que termine este año. Cuando la vida sea dura para ti, ¿qué harás? ¿Qué te dirás a ti mismo para rechazar y resistir una de las metas más grandes del diablo?

Realmente quiero prepararte porque esta es la pregunta que envía a algunas personas más cerca de Dios, y empuja a muchas personas más y más lejos de Dios. Hay algunas personas que, debido al dolor de la vida, han terminado no solo desilusionados con Dios, sino también completos ateos que niegan su existencia. Me doy cuenta de lo que está en juego, y quiero salvarte de esa tentación. Para hacerlo, quiero recurrir a las palabras de un hombre que sufrió probablemente más que tú y yo juntos: un tipo del Antiguo Testamento llamado Job.

En el último capítulo, cubrí de qué se trata el libro de Job. ¿Te acuerdas? El libro de Job trata del amor de Dios. Se trata de lo que pasa cuando la vida es realmente muy dura. "¿Seguiré amando a Dios, o solo estoy haciendo todas estas cosas de la iglesia porque Él ha hecho la vida fácil? ¿Amaré a Dios en los altibajos? ¿Me ama Dios? Si está permitiendo esto, dando esto, enviando esto, ¿es realmente el Dios de amor que dice ser?" El libro de Job trata sobre esas dos cosas relacionadas. Se trata del amor de Dios, y es por eso que quiero sumergirme de nuevo en él contigo.

Una revisión rápida: Job vivió en algún momento alrededor de la época de Abraham, 2,000 a.C. Tenía una esposa, tres hijas, siete hijos y miles de animales. Era un buen hombre con una fe muy grande. Satanás se presentó y le dijo a Dios: "¿Pero en serio te ama? Quiero decir, mimas a Job como a tu mascota, ¿verdad? Claro que se sienta, se queda, y obedece. Le has dado mejor vida que a cualquiera de los que conozco. Pero, Dios, apuesto a que si le quitas la buena vida, te maldecirá en tu cara". Y Dios, desconcertantemente, dice: "Trato". Y ahí es donde retomamos las cosas.

"Llegó el día en que los hijos y las hijas de Job celebraban un banquete en casa de su hermano mayor. 14 Entonces un mensajero llegó a decirle a Job: «Mientras los bueyes araban y los asnos pastaban por allí cerca, 15 nos atacaron los de Sabá y se los llevaron. A los criados los mataron a filo de espada. ¡Sólo yo pude escapar y ahora vengo a contárselo!»" (Job 1:13-15).

Los sabeos eran antiguos nómadas del desierto; vivían en la actual Yemen o Arabia Saudita. Se llevaron probablemente a sus camellos, y se llevaron 1,500 animales de Job; más del 10 por ciento de su patrimonio neto desapareció en un instante. Y aún peor, todos los sirvientes excepto uno—empleados a quienes el piadoso Job amó, bendijo y oró—estaban todos muertos. Y un hombre sudoroso, destrozado y confundido corrió a Job con las noticias.

"No había terminado de hablar este mensajero cuando uno más llegó y dijo: «El fuego de Dios cayó del cielo y quemó a las ovejas y a los criados. ¡Sólo yo pude escapar para venir a contárselo!»" (Job 1:16). ¿Fuego de Dios? ¿Fue un meteoro? ¿Una tormenta eléctrica? ¿Un momento sobrenatural de Sodoma y Gomorra? No lo sabemos, pero sabemos que no fue hecho por el hombre; vino de los cielos. Las siete mil ovejas desaparecieron en un instante. Más del 50 por ciento del patrimonio neto de Job fue destruido, y estos siervos inocentes fueron quemados y asesinados por el fuego que cayó del cielo.

"**No había terminado de hablar este mensajero cuando otro más llegó y dijo: «Unos salteadores caldeos vinieron y, dividiéndose en tres grupos, se apoderaron de los camellos y se los llevaron. A los criados los mataron a filo de espada. ¡Sólo yo pude escapar y ahora vengo a contárselo!»**" (Job 1:17). Los Sabeos vivían en el sur; los Caldeos vivían en el norte, una especie de Babilonia del mundo antiguo. Tenían un plan. Se dividieron, conquistaron, tomaron los tres mil camellos, y asesinaron a cada sirviente menos a uno. Ahora todos los animales de Job, todo su negocio, y casi todos sus sirvientes y empleados estaban muertos y se habían ido. Desearía que esa fuera la peor parte. Y Job también lo hizo.

"**No había terminado de hablar este mensajero todavía cuando otro llegó y dijo: «Los hijos y las hijas de usted estaban celebrando un banquete[a] en casa del mayor de todos ellos cuando, de pronto, un fuerte viento del desierto dio contra la casa y derribó sus cuatro esquinas. ¡La casa cayó sobre los jóvenes y todos murieron! ¡Sólo yo pude escapar y ahora vengo a contárselo!»**" (Job 1:18,19).

Satanás se humedece los labios; los ángeles, que no conocen el futuro, contuvieron la respiración. Job era un hombre temeroso de Dios, pero Dios le había dado la mejor vida de todos los que estaban a su alrededor. Ahora que esa vida, en un instante, se había ido por completo, ¿temería a Dios? ¿Lo amaría? ¿Lo alabaría? ¿Agitaría su puño hacia el cielo, en el Dios que podría haberlo detenido pero no lo hizo? ¿O caería de rodillas y adoraría? Todo el cielo contuvo la respiración, y todo el infierno también. ¿Qué haría Job?

Me recuerda la historia de Tia Coleman. Quizás recuerdes esto. En 2018 Tia Coleman, toda su familia inmediata, y un grupo de su familia extendida se tomaron unas vacaciones. Cerca de Branson, Missouri, posaron para una imagen turística clásica frente a una pantalla verde (se puede ver la imagen en línea). Todos sonrieron, y luego se subieron a un barco, un barco que podía viajar por tierra y agua, y lo estaban disfrutando. El guía dijo: "Los chalecos salvavidas están ahí abajo, pero no los necesitarás". Una tormenta surgió de la nada, las olas se hincharon en el lago, vinieron por delante del barco, y se hundió. Y 17 personas, incluyendo 9 personas de la familia de Tia, murieron. Su esposo murió. Su hijo de nueve años murió. Su hijo de siete años murió. Y su bebé de un año murió. Apenas sobrevivió, y cuando salió del agua, los trabajadores de rescate la revivieron. Ella también deseaba haber muerto. En un momento similar a Job, toda su vida había cambiado. ¿Qué haría ahora?

Anteriormente, Tia había sido un miembro activo de su iglesia cristiana, una iglesia en Indianápolis. Ella solía aparecer, levantar sus manos en alabanza, doblar sus manos en oración, y mirar a Jesús como este increíble Dios y Salvador, pero ¿qué haría ahora? ¿Y qué haría Job? Mensajero tras mensajero, tras mensajero, tras mensajero; ¿cómo reaccionaría a las trágicas noticias? Respuesta: Increíblemente. Mira Job versículo 20: **"Al llegar a este punto, Job se levantó, se rasgó las vestiduras, se rasuró la cabeza"**. Se afligió.

Si alguien alguna vez te dice en la iglesia Cristiana que solo debes aplaudir y sonreír y alabar a Dios porque Él es bueno, no es bíblicamente cierto. Jesús lloró, y Job lamentó; él se rasgó su túnica como la gente en esa cultura hizo para mostrar exteriormente lo que sentía en su corazón, que había sido desgarrado. Se afeitó la cabeza; se desplomó sin nada.

Pero todavía tenía todo. El versículo 20 continúa: **"…y se dejó caer al suelo en actitud de adoración"**. La palabra *adoración* simplemente significa decirle a Dios: "Vales la pena". ¿Vas a la iglesia regularmente el domingo? Podrías estar haciendo un millón de cosas más. ¿Por qué vas? No solo por el café, ¿verdad? Vas porque crees que Dios vale la pena. Vale la pena escuchar su Palabra. Vale la pena cantar sus alabanzas. ¿Por qué lo haces? ¡Porque Dios vale la pena! Él mueve tu corazón, y te salvó de tus pecados. Se levantó de entre los muertos. ¿Das ofrendas a pesar de que no tienes una tonelada de dinero en el banco? ¿Por qué haces eso? Porque vale la pena. Porque crees que Dios es tan bueno, tan misericordioso, tan paciente y tan amoroso que te reúnes para adorarlo. En medio de su lamento y dolor, eso es exactamente lo que hizo Job. Dijo: "Dios, lo vales. Mi corazón está destrozado, pero aún eres digno de mi alabanza".

Lo que plantea esta enorme pregunta: ¿Cómo podría él pensar eso? Quiero decir, puedes culpar al libre albedrío humano si los Sabeos y los Caldeos toman todos tus animales. ¿Pero quién controla el fuego del cielo o el viento que barre desde el desierto? Ese es Dios. ¿Cómo puedes decir, "Dios, vales la pena" cuando Él es el soberano directa o indirectamente y en control sobre el dolor por el que has pasado?

Ahora, en el siguiente párrafo, les mostraré la respuesta de Job a esa pregunta. Pero tengo que decirte que lo que Job está a punto de decir no es lo que yo te diría. Si perdieras a un niño hoy, si hubiera un accidente de auto y perdieras a tus seres queridos hoy, si estuvieras pasando por una tragedia y vinieras con el corazón roto a mi oficina, creo que lo que te diría serían dos cosas. Yo diría que Dios todavía está aquí, y Dios te llevará allí. Sé que estás sufriendo. Me aflijo contigo, pero Dios está cerca de los quebrantados de corazón (Salmo 34:18). Dios está aquí en medio de los problemas. El mundo se está desmoronando, pero Dios es constante. Te diría eso. Diría que por mucho que esto duela, no dolerá para siempre. Dios te va a llevar a un lugar, el cielo, donde no hay dolor o pena o funerales o duelo o llanto o tragedia o confusión. Vas a superar esto porque Dios está aquí. Esto va a terminar, y la felicidad eterna comenzará. Eso es lo que te diría en medio de tu sufrimiento, pero eso no es lo que dijo Job. Él no cayó al suelo en adoración y dijo: "Dios, gracias por seguir aquí a pesar de que mis hijos ya no estén". Él no dijo, "Dios, te estoy adorando hoy porque me prometes vida eterna donde no me sentiré así para siempre". Eso no es lo que dijo Job. Lo que él dijo es increíble.

"Y [Job] se dejó caer al suelo en actitud de adoración. Entonces dijo: «Desnudo salí del vientre de mi madre y desnudo he de partir. El Señor ha dado; el Señor ha quitado. ¡Bendito sea el nombre del Señor!». A pesar de todo esto, Job no pecó ni le echó la culpa a Dios" (Job 1:20-22).

¿Entiendes eso? Job no pecó; borró la sonrisa de la cara de Satanás. No dijo: "Dios, me hiciste mal. En serio, ¿por qué lo hiciste?". No hizo nada de eso. En cambio, adoró. Alabó el nombre de Dios, y aquí está la razón fundamental: "Porque entré desnudo, y es de la misma manera que salgo". En otras palabras, Job se alejó de ese pequeño trozo de dolor y miró toda su vida y dijo, "Sabes qué, cuando nací, llegué completamente desnudo". La mamá de Job no lo echó cuando Job tenía tres mil camellos. Llegó sin nada: ni patrimonio neto, ni rebaños ni manadas enormes. Job no era un niño que nació con diez de sus propios hijos. Vino al mundo sin nada, y para Job, lógicamente, eso significaba que Dios le había dado todo.

Si tenía una familia, era a causa de Dios. Si tenía hijos, era por Dios. Si tenía ovejas, camellos, bueyes o lo que fuera, Dios había decidido dárselo. El Señor dio, confesó Job, y Él quitó.

Al final de nuestras vidas, no podemos llevarnos nada. No habrá ningún U-Haul en la parte trasera del coche fúnebre. Tú y yo seremos desnudados y lavados. Alguien nos peinará, nos pondrá nuestro traje favorito y nos pondrá en una caja. No podemos llevarnos nada con nosotros. Entras desnudo, sales desnudo, y todo entre esos dos días desnudos depende de Dios. Él lo da, y puede quitarlo.

Esto es lo que algunos cristianos llaman la enseñanza de la mayordomía. ¿Has escuchado esa palabra antes? *La mayordomía* es simplemente una manera elegante de decir que si hay algo bueno en tu vida, no eres dueño de ello; Dios simplemente te está dejando manejarlo. ¿Tienes zapatos en los pies? ¿Tienes dinero en tu cuenta bancaria? ¿Tienes buena salud y fuerza? ¿Tiene un negocio propio? ¿Una familia a la que estás cuidando? Esas no son tus cosas; Dios las dio. No viniste a este mundo con eso; eso significa que Dios lo dio. Y si Dios es el dueño, tiene todo el derecho a recuperarlo. Esa es la creencia básica que te salvará de la amargura, la ira y de cuestionar el amor del Dios que es amor.

Para ilustrar esto, piensa en tu teléfono. Digamos que dejaste tu teléfono en casa pero necesitas hacer una llamada. Le preguntas a tu amiga si puedes usar su teléfono, y ella dice: "¡Claro!" Cuando terminas, no te quedas con el teléfono, ¿verdad? Ella pide que se lo devuelvas. No tienes derecho a quedarte con su teléfono.

¿Y si ese teléfono representa todo lo bueno que Dios da? Tú y yo venimos desnudos a este mundo, y cualquier cosa que tenemos es nosotros diciendo: "Dios, ¿podrías por favor?". En su bondad y amor, Él dice: "Seguro". Y cuando Él dice: "¿Me lo devuelves?", es ilógico decir: "¿Quién te crees que eres?". Él dice: "Es mío, así que te lo puedo darte el regalo o te lo puedo quitar". Como dijo tan bellamente Job: "El Señor dio y el Señor quitó; que el nombre del Señor sea alabado". Y si haces esto, como Job, no pecarás acusando a Dios de hacer el mal.

La clave que Job aprendió del sufrimiento es esta: *Darle a Dios el derecho*. Toma una decisión ahora mismo en tu mente y en tu corazón de darle a Dios el derecho de darte o quitarte, de bendecirte abundantemente o de hacerlo con moderación. Dale a Dios el derecho, y no acusarás a Dios de hacerte mal.

Es lo que hizo Tia. ¿Recuerdas a Tia Coleman en el trágico accidente de navegación? Ocho días después de que su vida apenas se salvó, su iglesia tuvo un funeral para su familia inmediata. La Iglesia Apostólica de Gracia en Indianápolis organizó un servicio con cuatro ataúdes blancos frente a la iglesia: su esposo, su hijo de nueve años, su hijo de siete años y su bebé. Y Tia se sentó allí, en la primera fila. Su pastor vino y abrió una Biblia, y su familia extendida vino. Sus amigos y los miembros del coro estaban todos allí, y cantaban alabanzas a Jesús. Leían las palabras de Jesús. Clamaron desde sus corazones quebrantados al corazón de Jesús. Pero la verdad era que esas personas no eran Tia. Se iban a casa con sus familias. Regresaban a casa a las camas que estaban cálidas por los cuerpos de sus parejas. Regresaban a casa con los juguetes esparcidos y los niños volviéndose locos. Pero, ese no era el caso de Tia. Ella iría a casa para estar tranquila. Entonces, ¿qué haría ella?

Respuesta: Ella adoraba. Durante las tres horas del servicio funeral, Tia fue vista a menudo levantando sus manos para adorar a Jesús, cruzando sus manos para pedir ayuda a Jesús, clamando al hermoso nombre de Jesús, al igual que Job. En medio de su lamento y alabanza, ella dijo: "Dios puede dar, y Dios puede quitar. Sea alabado el nombre de Dios".

Así que aquí está la pregunta: ¿Le darás a Dios el derecho? Tu respuesta a esa pregunta y la medida en que la respondas determinará la cercanía de tu relación amorosa con Dios. Hoy, por más difícil que sea, por más impensable que sea pensar en ello, ¿le darás a Dios el derecho a todo eso? "Dios, quiero tener un buen día hoy. Por favor. Pero si no lo tengo, yo tengo el derecho. Dios, quiero que esta carga sea nada. ¿Pero si no lo es? Te doy el derecho. Dios, quiero que mi matrimonio supere esto. Voy a hacer todo lo que pueda para ayudar con eso. ¿Pero si no funciona? Si estoy buscando en Google el número del abogado más cercano, te doy el derecho. Quiero que la gente sea amable con mis hijos en la escuela pero incluso si no lo son, incluso si es una experiencia difícil, Dios tiene el derecho. Dame dinero; entonces tómalo. Dame salud; luego tómalo. Dame amor; luego tómalo. Dame todo, o no me des nada. Al final del día, Dios, tienes el derecho".

¿Lo creerás? Si no, no sé qué decirte. Y si lo haces, me alegro mucho por ti porque estarás preparado a través de todos los altibajos de la vida para adorar.

Ahora, si eso te asusta, y estoy sintiendo que lo hace, déjame ayudarte un poco. En realidad, Job te va a ayudar un poco. Hay algo que quizás no sepas sobre el libro de Job. En el libro de Job, hay dos nombres principales usados para Dios. En hebreo, la palabra que traducimos "Dios" es *Elohim*, y tiene la connotación de fuerza, fortaleza y poder. Y luego está este otro nombre usado para Dios, el Señor, a veces está en mayúsculas; este es la palabra *Yahvé*. Y significa "Yo Soy". Dios simplemente es. Está presente. Es constante. Hace una promesa y luego la cumple. Porque casi todo el libro de Job, el nombre Yahvé, el Señor, nunca es usado, especialmente cuando Job y sus amigos argumentan por 35 capítulos seguidos. Ahí está simplemente, "Dios, Dios, Dios, Dios, Dios, Dios, Dios, poder, poder, poder, poder. ¿Por qué, Dios, por qué? ¿Por qué, Dios, por qué? ¿Por qué, Dios, por qué?". Pero en la apertura de Job y en su respuesta, cuando piensa en el Dios que ha tomado todo, ¿te diste cuenta de cómo lo llamó?

Déjame mostrarte. Job dijo: **"El Señor dio y el Señor quitó; que el nombre del Señor sea alabado".**

Yahvé, Yahvé, Yahvé. Yo Soy. Yo Soy el Dios que cumple la promesa, el Dios que cumple la promesa, el Dios que cumple la promesa. Es casi como si Job solo pudiera adorar porque en el fondo él sabe que hay un Dios que estará allí con él.

Tú también puedes creerlo. Y si estás luchando, si estás en medio de ese dolor, si tu amor y pasión por Dios son una llama parpadeante que está a punto de apagarse, solo quiero que pienses en las conexiones entre ese Jesús y este Job.

Jesús también era el más grande. Él no tenía 11,500 animales; tenía 10,000 veces 10,000 ángeles. Él era el más grande en el reino de Dios, y sin embargo lo abandonó todo. Hace dos mil años, en la pequeña ciudad de Belén, Jesús nació desnudo de su madre, María. Y 33 años después, moriría desnudo en una cruz romana. Su Padre se la había dado, y su Padre se la había quitado. Jesús se afligió. Job rasgó su túnica. A Jesús le quitaron su túnica. Job se afeitó la cabeza. La cabeza de Jesús fue coronada con una corona de espinas. Jesús, como Job, tenía preguntas para Dios: "¿Por qué, Dios? ¿Por qué, Dios?", y sin embargo, al igual que Job, Jesús no acusó a su Padre de hacerle mal. Él no pecó. En cambio, sufrió *por ti*.

La buena noticia de la Biblia es que Jesús pasó por eso. Alabó a Dios incluso en medio de la tormenta para que supieras esto: Dios no es sólo el dueño de todo. Dios es quien ha hecho todo para que tú y Él estén juntos para siempre. Si esta semana es la más difícil que has tenido en mucho tiempo, puedes decir: "Pero Dios está aquí y regresará pronto. Voy a superar esto con su ayuda, un día a la vez, y luego llegará un día en el que veré su cara y me alegraré de no haberme vuelto contra Él". Y Satanás gemirá mientras usted se mantiene firme en fe y fortaleza y cree en lo más profundo de su alma. Dios no es sólo Dios. No se trata de "el juez da y el juez quita". Es *el Señor*. Mi Salvador. Un Dios que debe ser tan grande.

Por tu bien, por el de tu alma, por el de tu familia, dale el derecho a Dios. Así como lo hizo mi mamá. ¿Sabes por qué soy pastor? Porque cuando era adolescente, estaba leyendo mi Biblia en casa como lo hacía todos los días, y hubo algo que Jesús dijo que me hizo querer ser pastor. Así que lo hice. Y tú dirías, "bueno, ¿por qué estabas leyendo tu Biblia en casa? La mayoría de los adolescentes juegan videojuegos, no leen sus Biblias. ¿Por qué estabas leyendo la tuya?". Y la respuesta sería porque teníamos este pastor en nuestra iglesia que realmente me inspiró a venir a la iglesia y querer leer la Biblia. Y tú dirías: "¿Cómo acabaste en esa iglesia?". Y la respuesta es: "Mi mamá." Soy súper bendecido en este momento porque mi mamá, mi papá, mi suegra, mi esposa y mis hijos, todos van a mi iglesia. Pero en aquellos días, era solo Judy. Has oído hablar de la Jueza Judy; esto era solo Judy. Judy trayéndome. Judy a veces me lleva a cuestas. Judy me mantiene conectado. Si eres una madre cristiana, doy gracias a Dios por ti.

Pero aquí hay algo que no sabes; algo que mi mamá me dio permiso para compartir contigo. Mi mamá tuvo que darle a Dios el derecho. Me criaron como el niño más joven de mi familia, pero técnicamente no soy el niño más joven. No tengo recuerdos de él, pero he visto fotos mías sosteniéndolo, mi hermano pequeño, Jimmy. James nació muy enfermo, y solo permaneció en esta tierra durante seis semanas. Mis padres querían otro hijo. Dios había dado, y luego demasiado rápido, Dios tomó. Y mi madre había sido criada como una mujer que amaba a Jesús, iba a la iglesia y oraba, pero ahora se enfrentó a lo más difícil de toda su vida; perdió un hijo. ¿Qué haría? Y la respuesta es que ella alabó a Dios por mí, por nosotros; ella le dio a Dios el derecho. Ella llamó al pastor. Ella corrió a la iglesia. Como ella me dijo en un texto reciente, "no tenía adónde ir sino a Dios".

En su dolor, mi mamá adoraba a Jesús. Y porque lo hizo, conozco a Jesús. Y ahora, a través de todos los altibajos que he pasado en la vida, sé que tengo a Jesús. Te pido, espero, te ruego que le des a Dios el derecho. Él no es solo Dios; Él es el Señor. Y sabes que tiene que ser bueno por lo que hizo por ti.

Oración

Querido Dios, el padre de la mentira no quiere que crea la verdad. Hay algo en mi vida—tal vez él ya sabe lo que es—que creo que me pertenece. Creo que es mío, e incluso tú, Dios, no tienes derecho a tocarlo. Dios, por mucho que no quiera pensar en eso, ayúdame a pensarlo y a confesarlo. Puedes tomarlo, Dios. Estoy orando hoy que no lo tomes, pero si lo haces, sigo amándote porque sé lo profundamente que me amas.

Gracias, Jesús, por todo lo que me has dado. Si no fuera por la cruz, siempre tendría una buena razón para preguntarme por qué. Tendría una razón para cuestionar tu amor y carácter, pero el hecho de que lo hicieras por mí a pesar de mis dudas, a pesar de mis pecados, a pesar de mis luchas, Dios, el hecho de que lo hicieras por una persona pecadora es la mejor prueba en la historia humana de que tu debes ser amor. Y así me aferro a tu corazón hoy. Creo en ti. Ahora ayúdame a vencer mi incredulidad. Es en el nombre de Jesús que oro con valentía y alegría. Amén.

Para Estudio Adicional: ¿Alabaré a Dios aunque esté sufriendo?

Dr. Bruce Becker

En preparación para este segundo capítulo, el Pastor Mike envió una encuesta a los miembros de la familia de su iglesia local. La encuesta tenía solo dos preguntas. Considera estas preguntas por ti mismo, o discute con otros en tu grupo:

1. ¿Qué es lo más difícil que has pasado en la vida?

2. ¿Qué pasó con tu visión de Dios cuando sucedió eso?

El Señor le había dado permiso a Satanás para "atacar todo lo que Job tenía". El hecho de que Satanás necesitaba el permiso del Señor indica algo acerca del Señor y algo acerca de Satanás.

¿Qué indica acerca del Señor y quién es?

¿Qué indica acerca de Satanás y su poder sobre nuestras vidas?

¿Qué seguridad nos da esta realidad acerca de Satanás?

En un solo día, Job experimentó cuatro pérdidas trágicas en su familia, entre sus trabajadores y con sus posesiones. Dos fueron el resultado de lo que otras personas (criaturas) hicieron, y dos fueron el resultado de algo en la naturaleza que Dios controla (Creador). Llene el siguiente cuadro para comparar las cuatro pérdidas.

¿Criatura o Creación?	Detalles de la tragedia	Detalles de la pérdida de Job

¿Qué hizo Job (una práctica común en las culturas antiguas), después de que el cuarto y último mensajero diera sus trágicas noticias?

Si recibieras noticias de una pérdida trágica entre tu familia o amigos—incluso uno de los cuatro tipos de tragedia que Job experimentó—¿cuál sería su respuesta externa inmediata (piense en ello a través de la cultura y la experiencia de su familia y comunidad)?

Después de que Job expresara su dolor y tristeza inmediatos por lo que había perdido ese día, hizo algo que, si somos honestos, podría sorprendernos, pero también desafiarnos a pensar en lo que habríamos hecho en una situación similar:

> **Al llegar a este punto, Job se levantó, se rasgó las vestiduras, se rasuró la cabeza y se dejó caer al suelo en actitud de adoración. Entonces dijo: «Desnudo salí del vientre de mi madre y desnudo he de partir. El Señor ha dado; el Señor ha quitado. ¡Bendito sea el nombre del Señor!». A pesar de todo esto, Job no pecó ni le echó la culpa a Dios.** (Job 1:20-22)

¡Job cayó al suelo en adoración! Piensa en eso. Cayó al suelo para decirle al Señor: "Tú vales la pena".

¿Qué es la adoración? Profundicemos en la palabra hebrea original traducida aquí como "adoración". La palabra hebrea aparece 172 veces en el Antiguo Testamento. Unas 100 veces se traduce como "adoración", y otras 50 veces como "reverencia" o "inclinarse" cuando el contexto se trata de inclinarse ante otras personas, como un rey. Cuando el contexto es acerca de inclinarse ante el Señor, se traduce como "adoración". Adorar es reconocer que el Señor es grande; que es digno de alabanza y honor; que es tan bueno, amoroso y paciente. Esa fue la respuesta de Job después de lamentar su pérdida: cayó al suelo en adoración.

En las palabras que Job habló, ¿qué estaba reconociendo acerca de sí mismo y del Señor?

———

¿Cuál habría sido tu respuesta después de perder todos tus hijos, tus empleados, y todas tus posesiones en el mismo día?

———

Cuando se produce una pérdida trágica, la gente responde de diversas maneras. ¿Cuáles son algunas de las otras formas en que las personas responden a la pérdida que contrastan fuertemente con la respuesta de Job?

———

Acusar al Señor de hacer mal, es pecado. Culpar al Señor

por cualquier pérdida que experimentamos, es pecado. Entonces, ¿por qué es tan difícil para nosotros NO culpar a Dios?

El Pastor Mike mencionó la cosa clave que Job aprendió de su sufrimiento. Dijo que comprometernos con esta misma cosa clave podría evitar que acusemos a Dios de hacer mal.

¿Cuál fue esa idea clave?

¿Estás dispuesto a comprometerte con esto?

¿Cuál es para ti la conclusión más significativa del capítulo 2?

— Capítulo 3 —

¡Dios, no otra vez!
Pastor Michael Ewart

Echemos un vistazo a una pregunta que puede ser realmente desafiante. Las cosas en la vida se ponen difíciles, el sufrimiento viene, y luego se pone aún peor. Así que la pregunta es simplemente esta: ¿Cómo lidias cuando las cosas van de mal en peor?

Eso sucede con bastante frecuencia en la vida, ¿no? Algo malo sucede, seguido de otra cosa mala. A menudo, ¿no parece que suele haber una tercera cosa mala también? Una cosa mala después de una cosa mala después de una cosa mala. ¿Cómo puede tu fe mantenerse en un momento así? ¿Qué haces cuando la vida te golpea en el estómago, te golpea en el suelo, te pisotea, y luego te levanta y te golpea el cuerpo de nuevo? ¿Cómo lidias con eso?

¿Cuál es tu historia de cuando las cosas fueron de mal en peor y tal vez aún peor? Mi tía está pasando por uno de esos momentos en este momento. Hace poco más de un año, fue diagnosticada con leucemia en etapa avanzada. Ha sido un año difícil para ella. Tuvo un trasplante de médula ósea, lo cual no es un camino fácil. Y luego, cuando finalmente llegó a casa, estaba en el camino de entrada, tratando de mover un contenedor de basura que estaba en el camino. Este rodó por un borde de la calzada, y ella estaba tratando de volver a colocarlo. El contenedor de basura se volcó sobre ella, y se rompió la cadera. Se sometió a una cirugía en la cadera y, una vez más, está en cama. En un momento así, ¿no te sentirías tentado a decir: "¿En serio, Dios?".

Tal vez recuerden que el Pastor Mike escribió que su vida ha sido relativamente fácil. Yo tendría que confesar lo mismo. No he tenido una enorme cantidad de sufrimiento en mis 52 años de vida. Pero quiero compartir con ustedes una historia donde las cosas fueron de mal en peor.

Mis primeros 12 años en el ministerio los pasé como misionero en Rusia. Mi familia y yo estábamos en el centro de Rusia, en Siberia, no lejos de una ciudad llamada Novosibirsk. Habíamos estado allí 11 años. Era 2006, y estábamos viajando de vuelta a América por un permiso. Planeamos estar en los Estados Unidos durante unas cuatro semanas, predicando, hablando a la gente sobre la misión en Novosibirsk, y viendo a algunos familiares y amigos. Estábamos deseando esas vacaciones en los Estados Unidos.

En condiciones normales, el viaje era extraordinariamente difícil y estresante. Éramos siete los que viajábamos; teníamos cinco hijos en ese momento. Desde entonces, Dios nos ha bendecido con uno más. Entonces cinco niños hicieron este viaje con nosotros, un viaje que duró unas 36 horas. Estos niños tenían 10, 8, 5, 3 años y un bebé de aproximadamente un mes y medio de edad. Este grupo de niños tenía que ayudar y transportar su propio equipaje. El bebé no tenía que hacerlo; le dimos un poco de holgura para ese primer año.

Era una hora hasta el aeropuerto. Desde el aeropuerto, era un vuelo de cuatro horas y media de Novosibirsk a Moscú. Desde Moscú, era una escala de tres horas y media y luego un viaje a Londres. En Londres, había una corta noche—siete u ocho horas—no era suficiente para conseguir un hotel y dormir mucho. Y desde allí, era un vuelo trasatlántico a Chicago donde alquilaríamos un coche y conduciríamos dos horas más hasta nuestro destino final. Eso es lo que teníamos que esperar. Estábamos estresados; realmente no lo esperábamos. Estábamos deseando llegar a Estados Unidos.

Cuando llegamos a Moscú, fuimos al mostrador de facturación de British Airline, y miraron nuestros documentos. Dijeron: "Puede que tengas un problema". Verás, para entrar o salir de Rusia, necesitas dos documentos: tu pasaporte de EE.UU. y una visa rusa. Al revisar los documentos, encontraron que dos de nuestros hijos tenían pasaportes y visas que no coincidían bien.

Fuimos al control de pasaportes, sabiendo que podría haber un problema, y pusimos la pila de siete pasaportes y visas en el mostrador. Puse a propósito los dos malos en la parte inferior. La trabajadora pasó por ellos y detectó el problema. Ella alcanzó debajo del mostrador, presionó un interruptor, se encendió una luz roja sobre el mostrador, y fuimos conducidos a una habitación lateral donde ninguna cantidad de alegato o explicación cambiaría la situación. Finalmente, nos dijeron: "No volarán hasta que este problema de visa sea solucionado".

"Bien, ¿hay algún lugar en el aeropuerto donde podamos hacer eso?"

"Bueno, hay una oficina de visados, es posible que puedan darles alguna orientación".

Fuimos allí, pero ya estaba cerrado porque eran las 7 p.m. No podíamos volar, así que necesitábamos un lugar para quedarnos. Fuimos a un mostrador del aeropuerto donde había un hotel muy bonito y elegante por 225 dólares la noche. Éramos misioneros pobres y no queríamos pagar eso. Así que mientras estábamos de pie allí luchando con esta cantidad, se acercó una vieja babushka rusa, una agradable anciana, que dijo: "¿Sabes qué? Tengo un apartamento cerca de aquí, y está a solo diez minutos. Puedes quedarte allí por la noche; solo cobro $80". ¡Listo!

Cuarenta y cinco minutos más tarde, llegamos a su apartamento después de tomar un autobús de transporte público, transportar todas nuestras cosas, caminar por algunas calles, y llegar a su apartamento del segundo piso, que era un basurero absoluto. Había agujeros en el suelo, sin asiento de inodoro en el baño, y un montón de colillas de cigarrillos por todas partes. Todo el lugar apestaba. Había evidencia de que los ratones habían estado allí, y había una cama pequeña. Agarramos toda la ropa de cama que pudimos encontrar y colocamos a cuatro niños en la parte más limpia del piso que pudimos encontrar.

Recé para que no hubiera cucarachas o ratones, y luego mi esposa, mi pequeño bebé y yo nos acercamos a la pequeña cama e intentamos dormir. Mis ojos estaban bien abiertos mientras pensaba en cómo salir de esta situación. Tuve cuidado de no voltearme sobre el bebé que estaba a mi lado. Así fue toda la noche mientras sacábamos mosquitos porque las ventanas sin malla se habían dejado abiertas.

A la mañana siguiente decidimos ir a la embajada de EE.UU. Seguramente nos ayudarían. Tomamos un marshrutka ruso, que es una furgoneta de 15 pasajeros, a un autobús, que nos llevó al tren subterráneo llamado Metro, y luego caminamos. Una hora más tarde, encontramos nuestro camino a la Embajada de EE.UU. Explicamos nuestro problema. Eran las 9:30 de la mañana y esperábamos poder volar en algún momento de ese día. La gente de la embajada dijo que el problema era un problema ruso, pero se ofreció a llamarlos y resolver las cosas.

Nos dijeron que podría tomar algún tiempo, así que decidimos hacer un poco de turismo. Llamé a la embajada periódicamente para comprobar el progreso. A la hora de cerrar, nos dijeron: "Bueno, les hemos entendido. Dijeron que no van a ayudar, y no hay nada más que podamos hacer por ustedes".

"¿Qué se supone que debo hacer ahora?" Dije.

"Supongo que tienes que ir a la oficina de visas rusa y tratar de arreglar las cosas directamente con el gobierno ruso".

Esa no era una muy buena opción porque los extranjeros no tratan directamente con la oficina de visas rusa; tienes un representante que hace eso. No estaba seguro de cómo iba a funcionar eso. No tenía ni idea de dónde en esta ciudad de millones de personas podría estar esa oficina o cómo llegaríamos allí. Pero sabía que estaba cerca de la noche. Una vez más, no teníamos dónde quedarnos. No íbamos a volver al apartamento de esa señora y no teníamos ni idea de cómo encontrarlo de todos modos si queríamos.

Recordamos que hay un lugar en Moscú de los Juegos Olímpicos de 1980 llamado Izmaylovo. Fue construido con miles de habitaciones de hotel; siempre había habitaciones para alquilar allí. Así que tomamos el transporte público de 45 minutos a esa zona. Llegamos al Hotel Alpha y fuimos al mostrador delantero, bajamos la pila de siete pasaportes porque así es como firman a la gente allí, y luego, los siete caímos en algunos sofás.

Mientras estábamos descansando, la señora del mostrador me llamó. "Lo siento, pero no podemos registrarlo en nuestro hotel".

"¿Cuál es el problema?"

"Bueno, no tienes tarjeta de inmigración".

Cuando entras en Rusia, te dan una tarjeta de inmigración. No sé lo que hace, pero se supone que la tienes.

Cuando sales del país, toman tu tarjeta de inmigración. Pero cuando estábamos tratando de salir del país el día anterior, tomaron nuestras tarjetas de inmigración y no las devolvieron. Ella dijo: "Sin esa tarjeta de inmigración, no podemos registrarlo legalmente en nuestro hotel. Y si nos revisan, perderemos nuestra licencia. No estamos dispuestos a asumir ese riesgo, y no hay hotel en Moscú que lo haga".

Entonces fue cuando toqué fondo. Absolutamente exhaustos, nuestra familia no tenía lugar para pasar la noche. No había lugar en Moscú que nos aceptara. Pensé que podríamos ir a la estación principal de tren y simplemente encontrar un banco. Estaríamos esa noche sin hogar y dormiríamos en un banco en algún lugar de Moscú. Fue la sensación más desesperada que he tenido en mi vida mientras las cosas iban de mal en peor hasta ahora. No sabía cuáles serían nuestros próximos pasos por la mañana.

Ahora voy a dejarlos en ese suspenso; terminaré la historia más tarde. ¿Pero la vida no es así a veces? Puede que no hayas experimentado algo así, pero tu lucha no es menos, y podría ser mucho más larga o podría implicar mucho más dolor que el nuestro. ¿Qué hacer cuando las cosas van de mal en peor o tal vez aún peor? Para responder a esa pregunta, vamos a volver al libro de Job.

En los dos últimos capítulos, lees sobre la conversación en el cielo y el desafío de Satanás: "Si le quitas lo que Job tiene, él ya no te amará". Job perdió todo lo que tenía. Alguien hizo algunos cálculos modernos, y el valor de todos los animales de Job más la tierra que habría sido necesaria para cuidar de tantos animales se estimó en 60 millones de dólares. Y si estaba usando esos camellos para el comercio, podría haber tenido un patrimonio neto de más de 100 millones de dólares. Descubrió que su patrimonio neto se redujo a cero en un día, pero eso no fue lo peor. El mismo día un viento derribó una casa donde estaban sus diez hijos, y murieron. Y Job dijo: **"El Señor ha dado; el Señor ha quitado"** (Job 1:21). Él cayó y adoró al Señor.

Excepto que hay 41 capítulos más en el libro de Job. Así que vamos a ver algunos versículos del capítulo 2 porque vamos a descubrir que Satanás no había terminado. Aunque las cosas se veían tan mal como podrían ser para Job, no lo eran. Satanás aún no había terminado, y había otro tremendo desafío frente a Job.

"Llegó el día en que los ángeles fueron a presentarse ante el Señor y con ellos llegó también Satanás para comparecer ante el Señor. 2 Y el Señor le preguntó:

—¿De dónde vienes?

—Vengo de rondar la tierra y de recorrerla de un extremo a otro —respondió Satanás" (Job 2:1,2). De nuevo, tenemos esta misteriosa situación en la que Dios se reúne con ángeles y demonios. Me gustaría poder contarles más sobre de qué se trata o con qué frecuencia sucede, pero no tenemos una tonelada de información en la Biblia sobre eso.

"«¿Te has puesto a pensar en mi siervo Job?» —

volvió a preguntarle el Señor—. No hay en la tierra nadie como él; es un hombre íntegro e intachable, que me honra y vive apartado del mal. Y aunque tú me incitaste contra él para arruinarlo sin motivo, ¡todavía mantiene firme su integridad!" (Job 2:3). Y si algo de esto te suena familiar, es porque eso es lo que estábamos leyendo en Job capítulo 1. Satanás apareció. Dios se jactó de Job y dijo: "¿Has visto a un hombre tan fiel en toda tu vida?". Satanás dijo: "Bueno, por supuesto que es fiel. Le has dado muchas cosas. Le encanta lo que le das, no tú. Quítale las cosas, y ya no te querrá". Dios dijo: "Desafío aceptado".

Satanás tomó todo, y Job se mantuvo fiel y adoraba al Señor. Así que Dios dijo: "¿Te diste cuenta? ¡Perdiste! Él sigue siendo fiel a mí. Él todavía me ama. Él todavía sabe que lo amo. Satanás, tú perdiste". Si Satanás fuera razonable, lo cual no es así, se habría lamido las heridas, se habría encogido con la cola entre las piernas, y nunca se habría mostrado en la presencia del Señor de nuevo. Pero Satanás no es racional; es vicioso. Y dijo: "Bueno, por supuesto que todavía te ama; todavía tiene su salud. Si te llevas eso, te maldecirá".

"«¡Una cosa por la otra! —respondió Satanás—. Con tal de salvar la vida, el hombre da todo lo que tiene. Pero extiende la mano y hiérelo, ¡a ver si no te maldice en tu propia cara!

—Muy bien —dijo el Señor a Satanás—, Job está en tus manos. Eso sí, respeta su vida»" (Job 2:4-6). Así que una vez más, Dios le dio rienda suelta (hasta cierto punto) a Satanás para que hiciera lo peor, y quiero que note aquí lo que Satanás hizo. En ambas circunstancias, Dios dijo: "Bien. Puedes llegar hasta aquí, pero no más lejos". ¿Y hasta dónde llegó Satanás? Absolutamente tan lejos como pudo. Él nos odia tanto y odia tanto a Dios que tomará cada centímetro de lo que Dios le da, hasta el último milímetro. Él irá al límite de lo que Dios permite para traer daño y sufrimiento al pueblo de Dios.

"Dicho esto, Satanás se retiró de la presencia del Señor para afligir a Job con dolorosas úlceras desde la planta del pie hasta la coronilla. Y Job, sentado en medio de las cenizas, tomó un pedazo de teja para rascarse" (Job 2:7,8). De pies a cabeza, Job tenía forúnculos extraordinariamente dolorosos que le picaban y le dolían. No encontró alivio de ellos. Finalmente, una pieza rota de cerámica le dio el único alivio que pudo encontrar. Fue una enfermedad horrible. No sé qué era en términos modernos o si tenemos suficientes detalles para decir exactamente cuál era su dolencia, pero fue horrible.

Si lees el resto de Job, podrás encontrar algunos detalles más sobre la naturaleza de la enfermedad de Job. Había insomnio; tenía un tiempo increíblemente difícil para dormir. Había gusanos que se arrastraban en su carne. Tenía pesadillas y un horrible mal aliento. Pérdida de peso. Escalofríos, lo que significa que probablemente tenía mucha fiebre. En un verso se insinúa diarrea. Su piel se estaba poniendo negra, llamada necrosis, probablemente porque parte de ella estaba muriendo. Estaba tan horriblemente desfigurado que cuando sus amigos finalmente vinieron y lo visitaron, quedaron en silencio ante su aparición durante siete días seguidos. No podían encontrar una palabra para hablar. La apariencia de Job era tan horrible que todo lo que podían hacer era sentarse y mirarlo.

Eso es con lo que Job estaba lidiando. Era extraordinariamente personal; su propio cuerpo estaba afligido. Si alguna vez ha experimentado dolor, especialmente por períodos prolongados de tiempo o especialmente dolor que alcanza 10 en la escala de 1 a 10, usted sabe lo difícil que puede ser. El dolor elimina la perspectiva, te impide pensar con claridad, acorta tu visión, y no puedes pensar mucho más allá de lo que sientes en ese momento. Y ahí es donde estaba Job, cuando le quitaron toda su salud.

"Y luego esto: «Su esposa le reprochó:
—¿Todavía mantienes firme tu integridad? ¡Maldice a Dios y muérete!»" (Job 2:9). Bueno, eso es útil. Su esposa no fue de mucho apoyo. Algunas personas bromean diciendo que hay una razón por la que Satanás no le quitó la esposa a Job; ella era parte del sufrimiento. Pero, para ser totalmente honesto, no creo que debamos ser demasiado duros con ella. Esta era una mujer que había sufrido como Job. Ella también había pasado de la riqueza a la pobreza. Esta mujer, esta madre de diez, se convirtió en una madre de nadie en un momento. Su cabeza daba vueltas también. Ella estaba herida; estaba sufriendo.

Ahora creo que ella entendió un par de cosas sobre Dios pero no una tercera cosa, y voy a compartir las tres con ustedes en breve. Pero mira la reacción de Job. Job respondió: "—**Mujer, hablas como una necia. Si de Dios sabemos recibir lo bueno, ¿no sabremos recibir también lo malo? A pesar de todo esto, Job no pecó ni de palabra**" (Job 2:10).

Job aún así no pecó contra Dios. Él entendió que Dios tiene la última palabra. Dios trajo el bien, y ahora Dios trajo problemas. De cualquier manera, solo tenemos que aceptar lo que Dios da; esa fue la conclusión de Job, que es increíble. ¿Cómo podría Job seguir adorando a Dios, aún confiar en Dios, en un tiempo como este? La respuesta es simplemente esta—tiene que ser esta—Job estaba preparado para el dolor, y esa es una de las primeras conclusiones que quiero que recuerdes: prepárate antes del dolor. Porque aquí está la verdad: cuando viene el dolor, cuando viene el estrés, cuando las cosas van de mal en peor, no estás pensando tan racionalmente como lo estás haciendo ahora. No eres un buen estudiante en ese momento. El momento para que aprendas cómo funciona un paracaídas no es después de saltar del avión.

Mi hijo hizo un salto en tándem desde un avión el verano pasado. Pasó al menos media hora, quizás un poco más, aprendiendo cómo iba a funcionar: qué hacer, cuándo tirar de la cuerda, cómo moverse, cuándo saltar. Lo hizo todo antes de que saltaran, no durante. Y antes es el momento para que nos preparemos para el dolor. Si no tienes dolor ahora, tienes trabajo que hacer porque ahora es el momento de prepararte.

¿Cómo nos preparamos? Nos preparamos escuchando a Dios. Jesús mismo nos dijo lo importante que es prepararse en Mateo capítulo 7. Esto fue justo después de enseñar el Sermón del Monte por tres capítulos seguidos:

"Por tanto, todo el que me oye estas palabras y las pone en práctica es como un hombre prudente que construyó su casa sobre la roca. Cayeron las lluvias, crecieron los ríos, soplaron los vientos y azotaron aquella casa; con todo, la casa no se derrumbó porque estaba cimentada sobre la roca" (Mateo 7:24,25). ¿Eso te recuerda a Job? Hubo una tormenta horrible en su vida y luego otra tormenta y otra tormenta, y no cayó. No se desplomó. Jesús dijo: **"Pero todo el que oye mis palabras y no las pone en práctica es como un hombre insensato que construyó su casa sobre la arena. Cayeron las lluvias, crecieron los ríos, soplaron los vientos y azotaron aquella casa. Esta se derrumbó y grande fue su ruina"** (Mateo 7:26,27). La persona que no está preparada para las tormentas de la vida ve cómo su vida se viene abajo con una sacudida.

Entonces, ¿cómo se preparó Job? Nos queda adivinar un poco aquí porque no tenemos muchos detalles. Sabemos que Job estaba preparado. Él ya estaba adorando a Dios. Él ya sabía qué clase de Dios tenía. Cuando sus hijos tuvieron una fiesta, pensó que quizás uno de ellos había pecado. Él no sabía que ellos lo habían hecho, pero tal vez en su fiesta, alguien dijo algo estúpido, alguien se emborrachó, tal vez alguien hizo algo mal. Así que después de cada fiesta, ofreció un sacrificio a Dios para pedirle que perdonara a sus hijos. ¿No nos muestra eso que Job se había preparado? Sabía que Dios es un Dios de justicia y también un Dios de amor que perdona.

Job, en su preparación para el dolor, sabía dos cosas acerca de Dios: Sabía que Dios es trascendente y que Dios es soberano. Esas son dos palabras que no usamos mucho, ¿verdad? *Trascendente* significa que Dios es maravilloso; Dios es un Dios maravilloso, y reina arriba en los cielos. Él es trascendente, más allá de nosotros. Y Él es soberano; Dios es absolutamente independiente. Dios puede tomar todas las decisiones. Dios no nos debe una explicación por ninguna de sus decisiones porque Dios es soberano.

Esas dos palabras son un poco difíciles de recordar, especialmente si no has escuchado sus definiciones antes, así que déjame darte una definición más simplificada y memorable. ¿Qué es verdad acerca de Dios? Dios es grande—y podrías adivinar lo que sigue—¡y está a cargo! Eso significa que Dios es trascendente y Dios es soberano. Dios es maravilloso. Es increíble. Es asombroso. El está más allá del entendimiento. Está más allá del tiempo. Está más allá del espacio. Él es sabio más allá de nuestras más grandes imaginaciones. Dios es grande, y por eso lo magnificamos. Lo adoramos. Lo alabamos porque Dios es poderoso y está a cargo. Estar a cargo significa que Él controla todas las cosas. En el Salmo 115:3, leemos esto:

"**Nuestro Dios está en los cielos y puede hacer todo cuanto quiera**". ¿Qué hace Dios? Lo que quiera. ¿Con quién tiene que consultar? Nadie. Él es Dios, y Él está a cargo. Él está en el cielo; hace lo que le plazca. Y esto es lo que llevó a Job a decir: "¿Aceptaremos de Dios el bien, y no los problemas?". Tenemos que aceptar ambos porque Dios es grande y Dios está a cargo.

Ahora aquí es donde yo sugeriría que la esposa de Job creyó lo mismo acerca de Dios. Ella sabía que Dios es grande y está a cargo y no hay nada que podamos hacer al respecto. Ella dijo: "Él tiene que tomar las decisiones; por eso tienes que maldecir a Dios y morir, Job, porque mira cómo te está tratando. No hay recurso para ti. No hay nada que puedas hacer al respecto, así que puedes maldecirlo y morir. Obviamente está en tu contra". Dios es grande y está a cargo, y ese hecho por sí solo no creó fe en su corazón ni le dio ningún tipo de aliento o esperanza. Y sin embargo, eso es lo primero que debemos entender acerca de Dios. Es lo primero que debemos hacer para prepararnos para el dolor: saber la verdad de que Dios está a cargo.

Pero eso no es suficiente. Hay una tercera cosa que necesitas saber sobre Dios que es aún más importante. Sin esta tercera cosa, las dos primeras cosas son aterradoras. La tercera cosa es esta: *Dios es amor*. Si Dios es grande y está a cargo pero te odia o no te conoce o le importas menos o te tiene manía, maldice a Dios y muere. Pero si Dios es grande y está a cargo y te ama, bueno, esa es una historia diferente. Eso significa que incluso si hay problemas en tu vida, debe haber una razón porque Dios es bueno y Dios es amor.

¿Cómo podemos estar seguros de que eso es cierto? ¿Cómo sabemos que todo lo malo todavía podría funcionar para el bien? Dios mismo lo promete: **"Ahora bien, sabemos que Dios dispone todas las cosas para el bien de quienes lo aman, los que han sido llamados de acuerdo con su propósito"** (Romanos 8:28). En *todas* las cosas. No en algunas cosas, no ocasionalmente en las cosas, sino en todas las cosas Dios trabaja para el bien. Él *siempre* obra para el bien de quienes lo aman, de aquellos que han sido llamados de acuerdo a su propósito.

Y entonces el apóstol Pablo dice estas palabras de consuelo: **"¿Quién nos apartará del amor de Cristo? ¿La tribulación o la angustia, la persecución, el hambre, la desnudez, el peligro o la espada?"** (Romanos 8:35). ¿Perder todo tu patrimonio neto? ¿O tus hijos? ¿O tu salud? ¿Te separarán del amor de Cristo? ¿Te separarán la persecución, el hambre, la desnudez, el peligro o la espada? Hay una guerra violenta en tu vecindario; ¿eso te separaría del amor de Cristo? La conclusión: No. **"Sin embargo, en todo esto somos más que vencedores por medio de aquel que nos amó"** (Romanos 8:37). Y luego Pablo dice esto: **"Pues estoy convencido de que ni la muerte ni la vida, ni los ángeles ni los demonios, ni lo presente ni lo por venir, ni los poderes, ni lo alto ni lo profundo, ni cosa alguna en toda la creación podrá apartarnos del amor que Dios nos ha manifestado en**

Cristo Jesús nuestro Señor" (Romanos 8:38,39). Nada de lo que pueda suceder en este mundo te separará jamás del amor de Dios —y esta es la clave—que está en Cristo Jesús nuestro Señor. ¿Cómo puedes saber por un hecho que Dios te ama y que Él está para ti y que está contigo y que realmente obrará todo esto para bendición? Porque no retuvo lo más cercano y querido para Él, sino que lo entregó por nosotros, es decir, a su Hijo, Jesús.

Jesús vino y tomó carne humana sabiendo que significaría dolor y sabiendo que sufriría. Él dijo: "Regístrenme porque los amo". Él era perfecto para nosotros. Él asumió la culpa por todos nuestros pecados. Él la llevó a la cruz y pagó nuestra deuda de pecado en su totalidad. Lo hizo al mayor costo imaginable, dando su vida por nosotros. Lo hizo con el mayor dolor que podamos imaginar, no solo el dolor físico, que era horrendo, sino el dolor espiritual de estar separado del Padre celestial. Su Padre le dio la espalda a su Hijo porque nuestro pecado, nuestra inmundicia, nuestra culpa era todo sobre Él. El Padre dijo: "No puedo mirar", y Jesús gritó: "Dios mío, Dios mío, ¿por qué me has abandonado?". Por nosotros, por eso.

Jesús podría clamar desde la cruz al final, "se acabó". Nuestro pecado fue pagado. El Padre aceptó este pago, y tú y yo no somos culpables. **"Él fue entregado a la muerte por nuestros pecados y resucitó para nuestra justificación"** (Romanos 4:25). Nada puede separarnos de ese amor que es nuestro en Cristo Jesús. Dios obrará todo para bien; es su promesa.

Lo hizo por mí y mi familia cuando estábamos atrapados en Moscú en 2006. Las cosas mejoraron después de ese momento tan bajo. Mientras estábamos estresados, tratando de averiguar nuestros próximos pasos, alguien en Novosibirsk nos estaba ayudando a enderezar nuestro asunto de la visa, moviendo algunos hilos y engrasando algunas ruedas. No hice muchas preguntas. Nos entregaron las visas. Luego nos enteramos de que la British Airlines estaba bloqueada porque alguien había intentado volar un avión con gel en sus zapatos. Debido a los refuerzos, estuvimos atrapados en Moscú por seis días más.

¡Pero fue bueno! Tuvimos una de las mejores y más memorables vacaciones familiares de nuestra vida. Nos alojamos en una pequeña habitación de hotel y usamos el metro para ver la ciudad. Vimos la Plaza Roja, el Kremlin, una película en 3-D y un par de museos. Dios lo hizo para bien. ¿Fue enormemente estresante? Sí. ¿Era el camino que yo hubiera elegido? Absolutamente no, pero al final, tenemos algunos recuerdos familiares increíbles. El Señor tomó lo que era para nosotros malo y estresante y lo convirtió en una bendición, porque eso es lo que Dios hace.

Ahora la verdad es, tu puedes estar leyendo esta historia y pensando: "¿En serio? ¿Eso es lo peor que se te ocurrió? Mi dolor ha estado sucediendo durante años. Mi lucha ha sido de toda la vida. He sufrido mucho peor que cualquier cosa que acabas de mencionar". Pero la verdad de Dios no ha cambiado, y quiero que recuerdes esto:

Nada podrá separarte del amor de Dios que está en Cristo Jesús nuestro Señor.

Hay un miembro de nuestra iglesia que dijo que podía compartir su historia; tendré que abreviarla en gran medida. Su nombre es Kaz, y pasó por mucho en su vida. Aquí hay algunas cosas que compartió. A la edad de seis años, había soportado todo tipo de abusos. Su madre luchó contra el alcoholismo, y su padrastro era abusivo. Se convirtió en la principal cuidadora de sus hermanos menores a una edad muy temprana, y a la edad de 14 años, toda la familia terminó sin hogar. Su fe pendía de un hilo porque las cosas iban de mal en peor o aún peor. Sin embargo, nada la separó del amor de Dios en Cristo Jesús.

Dios la trajo a través de eso y moldeó las circunstancias de su vida para atraerla de nuevo cerca de Él. Ella estaba tan contenta de conocer nuestra iglesia y de conocer a Jesús aún mejor a través de ella que dijo esto: «No puedo describir en palabras cómo se ha sentido mi salvación. Me imagino a una niña sucia, pobre vestida con harapos, sin familia, perdida en una multitud. Jesús separa a la multitud para alcanzarla. Él la recoge y dice: "¡Ella es mía!". La limpia con el bautismo, quitando la suciedad. Él la viste con su armadura, protegiéndola del peligro. La alimenta con sus palabras y sabiduría. Y cuando ella está parada frente al espejo sorprendida por la diferencia, Él le dice que va a pagar todas sus multas. Todas las veces que robó para comer, mintió para sobrevivir, ignoró las reglas—ya no es responsable de ello—. El veredicto fue la muerte, pero Él la amaba tanto que moriría en su lugar. Él decidió esto, incluso cuando ella era sucia, pobre y con harapos». Kaz dijo: "Me siento como esa niña pequeña".

Kaz no estaba preparada para el dolor, pero seguro ella ahora lo está. Ella lo sabe, y tú también. Dios es grande y está a cargo, y te ama más de lo que puedas imaginar. Él te ama. Job creía eso. Kaz lo cree. Yo oro que tú también lo hagas.

Oración

Padre celestial, hay tanta miseria en este mundo quebrantado y tanto dolor y sufrimiento. No es inusual que las personas, incluyendo las personas que se llaman a sí mismas cristianas, vayan de mal en peor a peor aún. Así que ayúdame a prepararme, a poner mis ojos en ti, a reconocer que eres el maravilloso Dios eterno y que estás a cargo de todas las cosas. Eres trascendente y soberano. Pero nunca me dejes apartar los ojos de la cruz, la prueba y la garantía de tu amor por mí. Ayúdame a creer y regocijarme en el hecho de que nada me separará de tu amor que está en Cristo Jesús mi Señor. En Él soy perdonado, en Él soy tu hijo, y en Él soy purificado. Soy tuyo, y alabo tu santo nombre.

Dame la fuerza, Señor, sin importar lo que pase en este mundo, para caer al suelo y adorarte como mi Dios amoroso. Oro todo esto en el poderoso nombre de Jesús. Amén.

Para Estudio Adicional: ¡Dios, no otra vez!

Dr. Bruce Becker

En el capítulo 3, el Pastor Michael Ewart hizo referencia a cómo parece que las cosas malas suceden en grupos de dos, tres o más. Esa era mi comprensión cuando era niño. Aprendí esa idea de los adultos en mi vida. Parecía que entre mi familia extendida, había esta sensación de cosas malas sucediendo a la gente en "grupos de tres".

¿Cuál ha sido tu experiencia cuando se trata de cosas malas que suceden en grupos?

———

¿Tienes algún ejemplo personal para compartir de tu vida donde una cosa mala fue seguida por otra cosa mala y tal vez incluso una tercera cosa mala?

———

En Job capítulo 2, Satanás está de vuelta en la presencia del Señor junto con los santos ángeles que sirven al Señor. Después de preguntarle a Satanás de dónde viene, el Señor dice: "—¿Te has puesto a pensar en mi siervo Job? —volvió a preguntarle el Señor—. No hay en la tierra nadie como él; es un hombre íntegro e intachable, que me honra y vive apartado del mal. Y aunque tú me incitaste contra él para arruinarlo sin motivo, ¡todavía mantiene firme su integridad!" (Job 2:3).

Hay tres frases clave en la última oración. Nos dan una idea del papel del Señor en el primer desafío de Satanás, la respuesta de Job y la meta de Satanás. ¿Cuáles son esas tres frases clave, y cuál es el significado de cada una?

1.

2.

3.

El Señor dijo que Job mantuvo su "integridad" durante toda su trágica pérdida de personas y posesiones. La esposa de Job también usó esta palabra al final del capítulo con el ánimo de que Job perdiera su integridad, maldijera a Dios y muriera.

Profundicemos un poco más en la palabra *integridad*. La palabra hebrea traducida como "integridad" también tiene estos otros matices de significado: "integridad", "pureza", "inocencia", "respetabilidad", y "carácter inmaculado".

Basándote en estos varios matices de significado de la palabra hebrea original, ¿cómo describirías, en tus propias palabras, la integridad de Job?

—

Satanás no estuvo de acuerdo con la evaluación del Señor sobre Job. En cambio, hizo otra acusación contra Job.

¿Cuál fue esa acusación?

—

¿Cuál fue el próximo desafío de Satanás al Señor que involucra a Job?

—

El Señor aceptó el desafío de Satanás. Pero una vez más el Señor puso un límite a lo que Satanás podía hacer a Job.

¿Cuál era la limitación?

—

Lo que Satanás le hizo a Job se resume en este capítulo como **"dolorosas úlceras desde la planta del pie hasta la coronilla"** (Job 2:7). Pero hubo mucho más Job tuvo que soportar. Busque los siguientes pasajes de Job para más detalles de lo que Job soportó debido a estas dolorosas úlceras:

Job 2:12,13

Job 3:26

Job 7:5

Job 7:13,14

Job 19:17

Job 19:20

Job 30:30

La mayoría de las personas, tanto cristianas como no cristianas, no pasan por la vida sin algún tipo de dolor. Puede ser el dolor físico o el dolor resultante de una enfermedad incapacitante. Puede ser el dolor emocional relacionado con una enfermedad mental. Puede ser el dolor causado por relaciones tensas y rotas. Puede ser el dolor de la pérdida financiera o simplemente luchar cada día para llegar a fin de mes.

Considera por tí mismo o comparte con otros en tu grupo el peor dolor que hayas experimentado, cómo lo manejó, y si todavía es una realidad o está ahora en tu pasado.

El Pastor Michael habló de "prepararse para el dolor". Contrastó a Job, que aparentemente estaba preparado para el dolor, con su esposa, que no estaba preparada en absoluto para el dolor de ella o de su marido. Su conversación es reveladora: **"Su esposa le reprochó: —¿Todavía mantienes firme tu integridad? ¡Maldice a Dios y muérete! Job respondió: —Mujer, hablas como una necia. Si de Dios sabemos recibir lo bueno, ¿no sabremos recibir también lo malo? A pesar de todo esto, Job no pecó ni de palabra"** (Job 2:9,10).

El Pastor Michael mencionó varias maneras en que podemos prepararnos para el dolor para que cuando lo experimentemos, podamos responder como Job. Enumera las varias maneras en que el Pastor Michael dijo que podemos prepararnos para el dolor. Agregue a la lista cualquier pensamiento adicional que tengas:

-
-
-
-

—

¿Cuál es para ti la conclusión más significativa del capítulo 3?

— Capítulo 4 —

¿Cómo se supone que voy a consolar a otros?

No podía esperar para preguntar a los pastores de mi iglesia una sola pregunta. Los cinco nos habíamos reunido alrededor de una mesa de conferencias para discutir una próxima serie de sermones, como siempre lo hicimos, y esta vez la serie que estábamos discutiendo era una serie sobre el libro de Job. Era una serie sobre el dolor y el sufrimiento, sobre los tiempos difíciles que pasamos en la vida, y cómo lidiamos con estos juntos. Y la pregunta que no podía esperar para hacerle a los otros pastores era esta: ¿Qué hacen ustedes? Cuando alguien de nuestra iglesia cuya vida ha pasado de buena a no tan buena y a muy, muy mala, ¿qué haces? Cuando alguien derrama su corazón, cuando las lágrimas comienzan a caer, ¿qué haces? ¿Qué dices? Cuando tomas tu Biblia, ¿a qué página te diriges? ¿Cómo tratas de ayudar a las personas que están sufriendo?

Una de las partes realmente interesantes y muy humildes de lo que hacemos es que la gente tiende a venir a nosotros, a la iglesia y a los pastores, cuando los tiempos son realmente buenos o cuando realmente no lo son. "Hemos concebido, vamos a tener un bebé, y vamos a empezar una familia. Vamos a decirle al pastor, y vamos a orar por eso". O cuando no pueden tener hijos o cuando ha habido un aborto, la gente le dice a los pastores sobre eso. Cuando una relación ha pasado de ser algo especial a pensar en el matrimonio, la gente llama al pastor. O cuando las cosas se ponen muy mal y alguien dice la palabra "D",—hay una separación o un divorcio—llaman al pastor. Cuando hay una celebración—llaman al pastor. Cuando es cáncer—llaman al pastor. Nos subimos en la montaña rusa de los altibajos de la vida.

Entonces quería preguntarle a estos hombres: Cuando no son los altos, sino los bajos, ¿qué hacen? Soy un tipo que es bastante bueno en los altos y los pasajes de la Biblia sobre el gozo. Así es cómo estoy conectado. Citaré a *Dumb & Dumber o Anchorman*, y pasaremos un buen rato juntos. Pero en cuanto baja, me siento incompetente emocionalmente. ¿Qué te parece? Conozco la Biblia; podría encontrar una respuesta intelectual, buena y bíblica que se aplique, pero no siempre es así como se ayuda a la gente, ¿verdad? Se trata del coeficiente emocional, saber qué decir, cómo decirlo, y con qué frecuencia decirlo. Y así, pregunté a los pastores: ¿Qué hacen?

Puedo hacerte la misma pregunta: ¿Qué haces? No

tienes que ser un pastor entrenado en teología para caminar con alguien en uno de estos momentos de la vida. Cuando uno de tus amigos o la chica con la que estás saliendo o tu madre o tu padre o tus compañeros de piso vienen a ti con la ruptura, con la muerte del abuelo, con el cáncer, con el aborto, ¿qué haces?

Nos pasa a todos, ¿verdad? La vida en este mundo está llena de alegrías y tristezas, y si no vivimos en una cueva por nosotros mismos, implica hacer la vida con la gente y sus alegrías y sus tristezas. Si eres una persona de fe, ¿qué dices acerca de Dios, Jesús y la Biblia? ¿A qué capítulo y versículo recurres? ¿Qué haces en medio del quebrantamiento y el dolor?

Estaba tratando de pensar en mi propia experiencia con conversaciones como esa. ¿Qué he tendido a hacer? ¿Qué funciona a veces? Se me ocurrió mi propia lista de las 10 mejores. Así que aquí están las 10 mejores cosas que creo que la gente como nosotros hace cuando la gente que amamos está lidiando con el dolor.

1. *Solo estar allí.* No tienes que citar al profeta Isaías. A veces cuando te apareces y le das un abrazo a alguien, estás físicamente presente. Es un gran regalo no pasar por momentos difíciles solo. Podrías simplemente estar ahí.

2. *Di que lo sientes.* "Siento mucho que estés pasando por esto. Cuando escuché la noticia, quedé devastado. No puedo creer que esto pasara". Esa emoción es técnicamente lo que es la simpatía. En griego, la palabra *pathy* significa "emoción o sufrimiento"; *sym* significa "con o

junto". Cuando alineas tu emoción con la de ellos, se siente muy bien pasar por eso juntos.

3. *Comparte una historia.* "Creo que nunca te conté esto, pero, ¿sabías que mi abuelo murió cuando tenía tu edad?" "El mundo entero no sabe esto, pero yo también pasé por dos abortos espontáneos; sé lo que se siente". Cuando la gente se da cuenta de que no son los primeros en pasar por esto y que de alguna manera lo has superado, les da esperanza para el futuro.

4. *Ofrece ayuda.* ¿Alguna vez has oído hablar del equipo de cacerola después de un funeral? No sabemos qué hacer, así que hacemos comida; la dejamos en la puerta. "¿Puedo cuidar a los niños y darte un día para ti?" "¿Puedo limpiar la casa?"

5. *Ofrece esperanza.* Podrías decir: "Sé que ahora mismo esto se siente como si nunca fuera a mejorar, pero el tiempo curará las heridas. Solía estar donde estás tú, y Dios me ayudó a superarlo. He aprendido grandes lecciones de ello. Este no es el final de la historia. Este sentimiento no durará para siempre".

6. *Ofrece un poco de lado positivo.* "Es malo, pero todavía hay algo bueno. Podrías quejarte de lo que has perdido, pero realmente hay algo incluso en este momento por lo que estar agradecido". A veces digo esto cuando estoy en un funeral y la iglesia está abarrotada. Digo, "Hombre, siento mucho tu pérdida, pero esto es increíble. Tu padre era muy querido". "Tu abuela impactó a muchos". Mira a tu alrededor, ve el valor y el impacto que tuvo en vida.

7. *Predica sobre los planes de Dios.* Dios tiene un plan para esto. Es doloroso, pero para los cristianos, el dolor nunca es inútil. Al diablo le encanta quitar, y a Dios le encanta darle la vuelta para el bien de su pueblo. Hay pasajes como estos: **"Porque yo conozco los planes que tengo para ustedes"** (Jeremías 29:11). **"Ahora bien, sabemos que Dios dispone todas las cosas para el bien de quienes lo aman"** (Romanos 8:28). Todo el universo está bajo los pies de Jesús (Efesios 1). "Dios va a usar esto. No puedes verlo, y no sé exactamente por qué, pero Dios ha prometido que nunca, nunca, jamás, es inútil".

8. Mi favorito—*podrías predicar la presencia de DIOS.* ¡DIOS! Deje las mayúsculas puestas. ¡DIOS! Lo mejor de nuestras vidas es que Él todavía está presente. "Perdiste un bebé, pero no perdiste a Dios". "Tu esposo salió por la puerta, pero Jesús es un mejor esposo y nunca dejará o abandonará su iglesia". "Tu amigo te decepcionó, te traicionó, se mudó al otro lado del país. Jesús es el amigo que dijo: 'Yo estaré siempre contigo'". Puedes perder muchas cosas en esta vida, pero si eres cristiano, hay una cosa que nunca, nunca, nunca, jamás, tendrás que preguntarte acerca de perderla: Esta es la presencia de un Dios amoroso y glorioso.

9. *Predica la simpatía de Dios.* Hay algunos pasajes interesantes en el libro de Hebreos que dicen que debido a que Jesús era humano, porque caminó entre nosotros en este mismo planeta durante 33 años, Él sabe cómo es. ¿Te ha fallado el sistema? Jesús lo sabe. ¿Has perdido a alguien

que te importa? Jesús lo sabe. ¿Has llorado? Jesús lo hizo. ¿Has sido traicionado? Jesús también lo fue. ¿Tienes dolor físico? Jesús también. ¿Te ha decepcionado la iglesia? Decepcionó a Jesús también. ¿Te ha decepcionado tu familia? A Jesús también. Cuando oras a Jesús sobre tu dolor, Él asiente porque lo sabe. El sabe exactamente lo que es sentir cómo te sientes porque Él lo sintió primero.

10. *Predica la salvación de Dios.* Podrías decirle a tu ser querido: "Oye, escucha, por Jesús, la historia no terminará de esta manera. La eternidad es como una cuerda de mil pies, y la Biblia dice que el dolor que estás atravesando es como una pequeña pulgada de cinta negra en esa cuerda. Es difícil ahora, y puede que no mejore mañana, pero la Biblia dice que Jesús regresará para salvar a su pueblo de la tristeza, la muerte, el duelo, la aflicción y el dolor. Somos perdonados ahora, y no tendremos que luchar para siempre".

¿Qué opinas de mi lista? Mientras la miras, encierra en un círculo una de las cosas que omites cuando estás cara a cara con dolor. ¿O hay dos o tres opciones en su plan para ayudar a las personas que están sufriendo? Sin embargo, al pensar en eso, quiero sugerir un factor complicado: muchas de las cosas de mi lista pueden volverse en contra. ¿Se han dado cuenta de eso? Es algo bueno en el papel, pero dependiendo de con quién estés hablando y cuál es su estado emocional en el momento, algo que podría ser realmente bueno para una persona no es muy bueno para otra persona, ¿verdad? Tal vez una bandera amarilla en su cerebro subió cuando sugerí, "ofrece un lado positivo". "Oye, tu marido está muerto, pero mira a toda la gente en su funeral; ¿no es genial?" Eso puede resultar contraproducente; eso puede ser muy insensible. A veces decir que Dios tiene un plan para ti puede ser contraproducente. Ya sabes, una persona está vacía; ha perdido a un hijo o la persona más cercana que amaban se ha ido. "¡Dios tiene planes!" Y alguien podría arremeter y decir: "¿Qué clase de Dios es este que tendría planes para hacerme sentir así? Si soy su hijo, ¿por qué dejaría que eso pasara?".

Podrías intentar compartir tu historia, y alguien podría devolvértela: "No sabes por lo que estoy pasando. Tú hiciste eso, pero esto es mucho peor".

Me he dado cuenta con el tiempo que es complicado y confuso, y no hay un guión perfecto y ninguna página en la Biblia que diga: "Paso uno, di esto. Paso dos, haz eso". Entonces existe esta tensión, ¿no es así? Todos terminamos en estas conversaciones con personas que están sintiendo un dolor increíble. Queremos hacer algo bueno y útil, y muy pocos de nosotros sabemos exactamente que es eso que podemos hacer.

Es por eso que estoy emocionado de compartir solo tres pequeños versículos del final del capítulo 2 de Job, porque esta tensión que sentimos, no es la primera vez. Hace muchos, muchos años, la vida de Job pasó de buena a mala a impensablemente mala. Y al final del capítulo 2 de Job, aparecen sus amigos. Tratan de lidiar con esta situación con la que todos lidiamos. Son buenos amigos; se preocupan por Job. ¿Qué harán? ¿Qué dirán? Echemos un vistazo a lo que estos amigos hicieron y luego pensemos en lo que podemos hacer unos por los otros cuando momentos como este se convierten en momentos como ese.

Job 2:11: **"Tres amigos de Job se enteraron de todo el mal que le había sobrevenido y, de común acuerdo, salieron de sus respectivos lugares para ir juntos a expresarle a Job sus condolencias y consuelo. Ellos eran Elifaz de Temán, Bildad de Súa y Zofar de Namat"**.

Hagamos una pausa ahí. Basado en ese versículo, estos son amigos increíbles, ¿verdad? Esto no es como los amigos de Facebook. Piensa por un segundo en lo que estos tipos hicieron. Dice: "Cuando se enteraron de los problemas de Job, salieron de sus casas". Esto implica que dejaron a sus familias, sus amigos, sus trabajos, sus listas de tareas pendientes, sus camas, su comodidad y viajaron para ver a Job. Vamos a descubrir que pasarán más de una semana de tiempo libre para tratar de ser amigos de su quebrantado amigo llamado Job. Estos son el tipo de amigos que cabalgan o mueren, que se paran a tu lado en tu boda y que llevan el ataúd en tu funeral. Se preocupan mucho por Job. El texto dice que "se reunieron de común acuerdo". Dijeron: "Tenemos que hacer algo. ¿Qué vamos a hacer? No lo sé, pero juntémonos, hagamos una lluvia de ideas. Hagamos algún plan porque Job está en el fondo y nos necesita ahora mismo". Job no los invitó; él no dijo: "tienen que venir". Ellos simplemente lo sabían porque esto es lo que hacen los grandes amigos; Job necesitaba ayuda.

Según el mismo versículo, cuando se reunieron de común acuerdo, se propusieron tres objetivos. En primer lugar, su objetivo era ir. El objetivo número dos era simpatizar, y el objetivo número tres era consolar. Ellos dijeron: "Tenemos que irnos". A veces enviar un texto, un mensaje de Snapchat, escribir una carta o llamar con Facetime funciona, pero a veces tienes que ir. A veces eres lo suficientemente cercano a esa persona y la relación está ahí, donde solo físicamente tienes que estar en el funeral. Un abrazo digital es agradable; un abrazo real es mil veces mejor.

Luego dijeron que necesitaban simpatizar con Job. La palabra hebrea usada aquí para simpatizar significa literalmente "hacer esto; moverse de un lado a otro". Es como cuando alguien comparte terribles noticias contigo y tu corazón sacude tu cabeza, "no, oh, hombre". Dijeron: "Tenemos que mostrarle a Job que esto es tan malo, que no es así cómo debería ser la vida. Queremos simpatizar con él; queremos reflejar sus emociones".

Y finalmente, dijeron: "Queremos ir a consolarlo". No podían traer de vuelta a los hijos fallecidos de Job, no podían curar todas sus enfermedades, pero de alguna manera querían decir algo o hacer algo para hacerlo un uno por ciento más cómodo. Vamos, simpaticemos, consolemos; esos fueron los tres objetivos de estos tres increíbles amigos.

Esto me hace pensar en algunos de mis amigos. Hace un mes, estaba en un partido de voleibol de secundaria y uno de mis compañeros de clase, que es pastor aquí en nuestra ciudad, dijo: "¿Has oído hablar de Nate?". No tenía ni idea, pero descubrí que uno de nuestros compañeros de clase, un pastor de 40 años en Kansas, había muerto de COVID. Así, sin más, se fue. Se casó no hace mucho. Cuatro niños de 7 años o menos. Y no puedo imaginar a su esposa despertando con cuatro niños que necesitan atención. Pero luego escuche lo que hicieron algunos de sus amigos. Nate fue bendecido con muchos amigos—quizás yo estaba en su segundo círculo—pero su círculo íntimo, los chicos que había conocido mucho antes de conocerme, hicieron exactamente lo que hicieron los amigos de Job. Se reunieron digitalmente y dijeron: "¿Qué vamos a hacer? Tenemos que ir". Estos pastores dejaron atrás iglesias, familias, niños y trabajos. Se tomaron un tiempo libre personal, se amontonaron en un par de autos en Wisconsin, y condujeron 600 millas hasta Kansas solo para ir, simpatizar y consolar. Abrazaron a la reciente viuda. Hablaron palabras de gracia en Jesús a estos niños pequeños. De hecho, formaron un coro y se pusieron de pie y cantaron sobre la gloria de Dios y la belleza del cielo en el funeral de este hombre. No podían arreglarlo, no podían traer de vuelta a Nate, pero eran amigos. Y esto es lo que hacen los amigos. Van físicamente, simpatizan emocionalmente, y se reconfortan verbalmente.

Entonces déjame preguntarte: ¿Hay alguien en tu vida

en este momento que necesita que hagas lo mismo? Estoy escogiendo esa palabra cuidadosamente—*necesita*. Cada fin de semana en mi diario de planificación, me hago una pregunta: Mike, ¿quién necesita un pastor? A veces un pastor es amable. "Oye, vamos a ponernos al día. Tomémonos un café. ¿Orarías por mí? ¿Puedes responder esta pregunta sobre la Biblia?" A veces eso es bueno, pero a veces solo lo necesitas, ¿verdad? Es lo peor que ha sido la vida en mucho tiempo. Así que déjame preguntarte: ¿Quién te necesita ahora? Si te tomarás cinco segundos ahora mismo, ¿podrías pensar en un amigo, un familiar, un vecino que tal vez esté lidiando enfermedad, muerte, divorcio o depresión?

Este es el trato: te necesitan. Puede que no tengan las palabras para decirte, puede que les dé vergüenza preguntarte, pero cuando la gente toca fondo, te necesitan. ¿Sabes lo que Jesús mismo dijo la noche antes de morir? Fue a un jardín a orar y le dijo a sus amigos: "Quédense conmigo. Estoy tan abrumado por la tristeza. Quédate; te necesito". Tus amigos también te necesitan. Puede que no sepas cómo arreglarlo. Puede que tu plan no sea perfecto, pero ellos te necesitan. Así que quiero instarte; quiero empujarte. Solo preséntate. Trae una cazuela, envía un mensaje, dales un aviso. Puede ser complicado, puede ser imperfecto, pero el hecho es que nos necesitamos unos a otros en momentos así. Qué bueno y agradable es, dice la Biblia, cuando las personas viven juntas en unidad. Si una persona se acuesta sola, qué triste. Pero donde dos están juntos, qué bueno, dice Eclesiastés capítulo 4.

Haz una lluvia de ideas con un par de amigos; reúnete de común acuerdo; elabora tu propio plan para ir, simpatizar y consolar porque esto es lo que he aprendido: *Estos son los momentos de la vida que la gente recuerda.* Cuando la gente aparece, eso es lo que se nos queda grabado, ¿no es así? La gente no recuerda lo que cocinaste. Probablemente no recuerden el pasaje bíblico que citaste. Pero el hecho de que estuvieras allí cuando necesitaban que alguien estuviera allí, es muy importante. Quiero animarte; Dios te está diciendo ve, ve, ve, ellos te necesitan.

Después de la tragedia, la comunidad es una necesidad. No es agradable; es lo que necesitamos, al igual que Jesús.

¿Qué viene después? A estos tres amigos se les ocurrieron sus tres metas, su plan. Volvamos al capítulo 2 de Job para ver qué sucede después: **"Desde cierta distancia alcanzaron a verlo y casi no lo pudieron reconocer. Se echaron a llorar a voz en cuello, rasgando sus vestiduras y arrojándose polvo y ceniza sobre la cabeza, y durante siete días y siete noches se sentaron en el suelo para hacerle compañía. Ninguno de ellos se atrevía a decirle nada, pues veían cuán grande era su sufrimiento"** (Job 2:12,13).

¿Te imaginas cómo debe haberse visto Job? ¿En qué estado estás cuando tus mejores amigos te ven y no dicen una palabra? Estaba leyendo algunos comentarios bíblicos sobre este capítulo, y un pastor había leído a través del libro de Job y resaltado cada cosa física con la que Job estaba lidiando. Nunca supe esto, y quiero compartir la lista. Dijo que el sufrimiento de Job incluía, y cito, "llagas ulcerosas inflamadas, picazón persistente, desfiguración, pérdida de apetito, piel infestada de gusanos que se abría, se formaba costra, se agrietaba, supuraba, y tenía pus, dificultad para respirar, mal aliento, pérdida de peso, fiebre alta, escalofríos, diarrea, depresión, ansiedad y dolor continuo insoportable".[1] Eso es lo que vieron. Y no pudieron decir una palabra. Ni siquiera lo reconocieron. Así que rasgaron sus túnicas como Job rasgó la suya. Rociaron polvo en sus cabezas como Job se afeitó la suya. Y se sentaron en el suelo durante siete días. No volvieron a casa; no consiguieron una habitación de hotel agradable; simplemente se sentaron con su amigo durante siete días seguidos. Y, "nadie le dijo una palabra porque vieron lo grande que era su sufrimiento".

¿Qué piensas de eso? ¿Crees que el hecho de que los amigos más cercanos de Job no dijeran una palabra durante siete días fue una buena manera de ayudar a su amigo herido o una mala manera de ayudar a su amigo herido? Algunas personas piensan que esto es bueno. De hecho, en la cultura judía, cuando entras en la casa de alguien que está sufriendo, no hablas primero. No les impones tu conversación. Esperas a que hablen y ves dónde están. ¿Qué dices cuando todos tus hijos se han ido? ¿Qué dices exactamente? ¿Dios tiene un plan para ti?

---

[1] Charles R. Swindoll, *Job: A Man of Heroic Endurance* (Nashville: Thomas Nelson, 2009), 33.

No, creo que fue brillante que se sentaran allí con él.

Si conoces acerca de los 35 capítulos que vienen a continuación en el libro de Job, una vez que estos hombres abren sus bocas—¡boom!—todo se desvía. Tratan de explicar por qué sucedería esto. Empiezan a decir: "Quizás, Job, no eres tan bueno como todos pensaban". La conversación estalla en la discusión más larga entre cuatro hombres que hayas leído en la Biblia en toda tu vida. Entonces, tal vez lo mejor que estos chicos podrían hacer era sentarse en el suelo con este hombre quebrantado.

Pero otras personas, incluyendo algunos grandes teólogos y comentaristas de la Biblia, dicen que lo que hicieron los amigos no fue tan genial. Imagínate si eres Job. Estás en un accidente automovilístico, y todos los que amabas en el auto se han ido. Estás conectado a tubos, y vengo a verte en el hospital. Te veo allí y solo lloro. Me siento y tomo tu mano. Si lo hiciera durante una hora, dirías: "¡Qué pastor!". Si hiciera eso por un día, dirías: "Su mano está un poco sudada". Si me sentara a tu lado durante una semana y no dijera una palabra, ¿sería incómodo? Estoy pensando: "Bueno, di algo. ¿Qué estás pensando?". Así que hay un gran debate. ¿Fue esto lo mejor que hicieron los amigos? ¿Fue esto lo más incómodo e insensible que hicieron los amigos? Y me encanta el hecho de que hay cierta ambigüedad aquí, porque aquí está la segunda gran idea que quiero compartir contigo. Después de la tragedia, la comunidad es complicada. Solo lo es. Cuando las personas están sufriendo, cuando entramos en una conversación que está llena de dolor, no está claro. No es blanco y negro. Es tan, tan complicado.

¿Entras en la habitación y dices algo? Tal vez. ¿Te quedas porque ella va a necesitar mucha ayuda después de la muerte de quien amaba? Tal vez. ¿Quiere un poco de espacio y privacidad para llorar? Tal vez. ¿Haces una pregunta como: "Oye, si necesitas ayuda, envíame un mensaje de texto, ¿de acuerdo?". Tal vez. ¿Está pidiendo a una persona que apenas puede pensar con claridad que elabore una lista de cosas buenas para hacer lo correcto? Quizás. ¿Abres una Biblia y compartes tu propia historia y testimonio? Tal vez. ¿Es un mal momento para compartir eso? Tal vez. ¿Le recuerda a una persona que Dios es poderoso y que va a trabajar esto para su bien, tal como dice la Biblia? Tal vez. ¿Alguien se enojará con Dios en ese momento? Tal vez. Cuando alguien en su dolor dice algo acerca de Dios que no es bíblicamente cierto, cuando cuestionan su amor y sus planes, ¿te vuelves como el halcón teólogo? ¿Se abalanza y los corrige para que la mentira no crezca en sus corazones? Tal vez. ¿Entiendes que las personas heridas dicen cosas que no quieren decir? Probablemente. ¿Qué haces? Y la respuesta de la Biblia es que lo intentas; es complicado. Después de la tragedia, la comunidad es una necesidad. Necesitamos gente, pero la realidad es que la comunidad también es complicada. Esas personas van a entrar a la sala y no va a ser perfecto.

Así que permítanme hacer dos aplicaciones rápidas. Número uno, si eres hoy ese amigo que va a estar con un amigo, aquí está mi consejo para ti: Espera lo complicado. Deshazte de la mentalidad perfeccionista que nunca funciona en la vida, pero especialmente en estos momentos. Espera que sea complicado. Espera equivocarte. Espera decir algo incorrecto en el momento equivocado. De hecho, creo que sería genial si le dijeras a tu amigo herido: "Oye, escucha, realmente no sé qué hacer. Y tengo el presentimiento de que voy a decir algo que no tengo la intención, pero podría suceder. Si eso sucede o cuando eso suceda, por favor, solo debes saber que me doy cuenta de que no soy perfecto, pero quiero estar presente. Si digo algo mal, dímelo, por favor. Haré todo lo posible para corregirlo, pero no quiero que pases esta temporada de la vida solo". Espera que esto sea complicado.

Cuando conduces a casa o sostienes tu teléfono esperando que te devuelvan el mensaje de texto y te estás castigando porque te sientes culpable de haber dicho esto o aquello o no haber dicho eso, aquí está la belleza de ser cristiano: Siempre está Jesús. Hay un Jesús que murió en una cruz para perdonar cada pecado, incluyendo los pecados que no hacemos a propósito. Jesús es el Salvador cuya sangre limpia el desorden para que no tengamos que vivir con la culpa y pensar que somos tan estúpidos por decir algo incorrecto cuando una persona más nos necesitaba. El cristianismo dice que podemos arrepentirnos, lo que significa que podemos confesar nuestros pecados. La base sólida que tenemos al pasar por esto es el amor y perdón constantes de Jesucristo. Así que ve a alguna parte. Ayuda a alguien. Espera que sea complicado, y debes saber que Jesús siempre limpia el desorden.

En segundo lugar, si te sientes como Job, si mis ejemplos de enfermedad, muerte, divorcio o depresión son lo que estás pasando ahora mismo, aquí está mi consejo para ti: Espera que haya desorden. Desearía que tus amigos y familiares fueran Jesús. No lo son. Son personas pecadoras, y sus pecados a veces van a suceder en los peores momentos.

Justo después de que yo naciera, mis padres tuvieron otro hijo. El niño, Jimmy, estaba enfermo; murió a las seis semanas de edad. Mi mamá llamó al pastor, y la esposa del pastor contestó. ¿Sabes lo primero que le dijo a mi mamá? "Alabado sea Jesús". Respuesta incorrecta. Hay un tiempo para alabar a Jesús, pero hay un tiempo para no hablar. La esposa del pastor se equivocó porque es una persona. Y la gente se va a equivocar; te van a decepcionar. Vas a desear que aparecieran, y no lo hicieron. Vas a desear que te dieran algo de espacio, y no lo harán. Vas a desear que dejen de llamar continuamente a tu teléfono porque solo necesitas silencio. Vas a desear, mientras miras tu teléfono, que alguien se acerque, y no lo hará. No pueden leer corazones o mentes, pero debes saber esto: es infinitamente mejor pasar por el dolor con amigos desordenados que sin amigos en absoluto. Así que no dejes que el diablo te engañe. No les guardes rencor y dejar que esa semilla de amargura eche raíces. No repitas la conversación y los castigues una y otra vez. Si tienes que hablar con ellos al respecto, habla con ellos y luego extiéndeles el mismo perdón y gracia que Dios te ha extendido a ti.

Esa es la belleza de ser cristiano. Hemos recibido mucho perdón de Jesús. El perdona y perdona y perdona y perdona, y eso es muy bueno para nosotros. Nos prepara para extender ese perdón a quienes se equivocan. Gracias a Dios que aparecieron. Perdónalos por sus pecados, y no dejes que el diablo se meta con la comunidad que es una necesidad después de nuestras tragedias.

Entonces, ¿qué vas a hacer? ¿Quién es la persona? ¿Cuál es el paso? ¿Cuál es el perdón? Esto es por lo que estoy muy agradecido: en este mundo quebrantado, tú y yo no estamos solos.

Eso es lo que Mike me dijo. Mike es un miembro de nuestra iglesia que dirige una organización local de un programa llamado "Compartir el Duelo". Este es un grupo pequeño para personas que han perdido a sus seres queridos. Sabía que Mike tenía infinitamente más experiencia que yo en esta área, así que le hice esta simple pregunta por correo electrónico. Le dije: "Mike, ¿la comunidad realmente marca la diferencia? Cuando estás en ese punto de profundo dolor, ¿importa esto o estoy interpretando demasiado en esto?". Él respondió: "Pastor Mike, todos pasaremos por el duelo de manera diferente y por diferentes períodos de tiempo. Sin embargo, hay dos cosas en común para todos. No podemos hacer esto solos. Y sobre todo, no podemos hacerlo sin Dios". No puedes hacer esto solo. Y no puedes hacerlo sin Dios. Gracias a Jesús y nuestra comunidad, no tenemos que hacerlo.

Así que cuando tengas esos altibajos, espera que sean complicados y agradece a Dios por Jesús.

Oración

Padre celestial, oro por paciencia. La Biblia dice que la única razón por la que no has regresado aún para terminar con este quebrantamiento es porque amas a las personas que todavía no son creyentes—personas que todavía tienen dudas, personas que te cuestionan, personas que no creen que moriste por el perdón de sus pecados. Te importan tanto, Dios, que aún estás esperando. Así que oro por paciencia. Ayúdame a amar y servir bien a los demás hasta que vuelvas. Entonces no habrá más duelo ni llanto, ni muerte, ni divorcio, ni depresión. El quebrantamiento se habrá ido, las viejas costumbres habrán pasado, y las nuevas vendrán. Me duele ese día. Sé que me llevarán allí. Así que inspírame, Dios. Perdóname. Guíame mientras corro hacia la meta donde veré tu rostro y donde el dolor se ha ido para siempre. Ruego todo esto con confianza debido a tu Hijo glorioso. Amén.

Para Estudio Adicional: ¿Cómo se supone que voy a consolar a otros?

Dr. Bruce Becker

El punto principal en este cuarto capítulo es este: ¿Cómo ayudas a las personas que están experimentando quebrantamiento y dolor?

Basado en su experiencia, el Pastor Mike ofreció diez cosas que a menudo hacemos cuando las personas están enfrentando situaciones difíciles. Para ver el panorama completo, completa la siguiente tabla.

En la columna "Acción sugerida", identifica la acción específica que enumeró el Pastor Mike. En la siguiente columna, anota uno o dos ejemplos de lo que harías personalmente por alguien que amas que está experimentando quebrantamiento y dolor.

#	Acción Sugerida	Ejemplos
1		
2		

Cuando la vida duele

#	Acción Sugerida	Ejemplos
3		
4		
5		
6		
7		
8		
9		
10		

Desde la tabla, identifica la acción sugerida con la que te sientes más cómodo. Explica por qué te sientes de esa manera.

Desde la tabla, identifica la acción sugerida que te resultaría más difícil. Explica por qué te sientes de esa manera.

El Pastor Mike también mencionó que algunas de las sugerencias en esta lista podrían ser contraproducentes. Elige una o más de una que piensas que podrían ser contraproducentes y explica cuál es el riesgo.

―

Cuando los tres amigos de Job, Elifaz, Bildad y Zophar, se enteraron de toda la tragedia y el dolor que estaba sufriendo Job, todos acordaron hacer tres cosas.

¿Cuáles fueron las tres cosas que acordaron hacer?

1.

2.

3.

―

Cuando llegaron los tres amigos, no reconocieron a Job. Se sentaron en el suelo con él y no dijeron una palabra durante siete días. ¿Qué piensas de los tres amigos sentados allí durante una semana sin decir nada?

El libro de Job es tan cercano a nuestras vidas. Podemos estar en los zapatos de Job. Por otro lado, podemos estar en los zapatos de los amigos.

¿Hay alguien en tu vida que necesita que estés a su lado, que simpatices y lo consueles?

El Pastor Mike mencionó que "después de la tragedia, la comunidad es una necesidad". ¿Qué quiso decir con eso?

El Pastor Mike también mencionó que "después de la tragedia, la comunidad es complicada". ¿Qué quiso decir con eso?

El Pastor Mike dio algunas aplicaciones para aquellos que están en los zapatos de los amigos que buscan ayudar a un amigo que está experimentando quebrantamiento y dolor. Anota por ti mismo lo que encuentras útil para recordar.

El Pastor Mike dio algunas aplicaciones para aquellos en los zapatos de Job que tienen amigos que buscan aliviar su quebrantamiento y dolor. Anota por ti mismo lo que encuentras útil para recordar.

¿Cuál es para ti la conclusión más significativa del capítulo 4?

— Capítulo 5 —

¿Dios no me dice por qué hay dolor?

He aprendido a través de los años de ser pastor que cuando estamos en dolor, la pregunta más natural para nosotros es en realidad la pregunta más peligrosa para nosotros hacer. La pregunta que viene instintiva, lógica, que naturalmente sale de nuestros corazones, es en realidad la pregunta que puede afectar nuestra fe de una manera profunda. Y pensé en eso cuando muchos de los miembros de mi iglesia me contaron sus historias de dolor y sufrimiento.

Hace un par de semanas, envié una encuesta a nuestra familia de la iglesia. La encuesta tenía dos preguntas. ¿Qué es lo más difícil que has pasado en la vida? ¿Cómo reaccionaste a esto espiritualmente?

Cuando esas encuestas llegaron, leí acerca de lo que han pasado los miembros de nuestra iglesia. Infancias difíciles, experiencias traumáticas, abuso, padres que se separan a una edad temprana, un ser querido que muere demasiado joven, dislexia, ansiedad que no se va, depresión que vuelve en círculos viciosos. Aprendí sobre las luchas en la escuela secundaria y en la vida de los adultos jóvenes. Había todas estas historias desgarradoras, pero cuando la gente llegó a la segunda pregunta: "¿Cómo reaccionaste espiritualmente?", surgió una pregunta en particular. Y no solo surgió en una o dos encuestas. Muchos dijeron que era su reacción instintiva ante el sufrimiento. ¿Por *qué?* ¿Por qué alguien tuvo cáncer? ¿Por qué hubo un accidente automovilístico? ¿Por qué me pasó esto a mi? ¿Por qué mi matrimonio no lo logró? ¿Por qué no puedo encontrar a alguien? ¿Por qué no podemos tener un bebé? ¿Por qué está pasando esto? ¿Por qué estoy atravesando por esto? ¿Por qué Dios está haciendo esto o enviando esto o permitiendo esto o autorizando esto? ¿Por qué tuve que pasar por algo tan difícil? ¿Por qué?

Es una pregunta natural. Es la pregunta que todos hacemos, pero quiero plantearles que en realidad es una pregunta espiritualmente peligrosa debido a las dos formas en que la mayoría de las personas la responde. Esto es importante, creo que tal vez la forma número uno en que las personas responden a la pregunta del ¿por qué? es esta: Tal vez estás pasando por tanto dolor porque eres malo. Estás sufriendo, y tal vez la razón es porque Dios está tratando de recuperarte por lo que hiciste.

Cuando era niño, veía *Noche del Sábado en Vivo*. Hubo

una parodia a principios de los 90 llamada "Pensamientos Profundos con Jack Handy". ¿Lo recuerdas? Música de meditación de imágenes y letras de desplazamiento. Jack Handy tenía estos pensamientos profundos sobre la vida. Uno que recuerdo es este: "Si un niño pregunta de dónde viene la lluvia, creo que una cosa linda para decirle es, 'Dios está llorando'. Y si él pregunta por qué Dios está llorando, otra cosa linda que decirle es, 'es probablemente debido a algo que hiciste'". No fue solo cruel y divertido; hay algo de verdad en eso, ¿cierto? Si se siente como que Dios está decepcionado, está llorando. Si la lluvia está cayendo sobre la vida, si es difícil, lo instintivo que pensamos es que debemos haber hecho algo mal. "¿Qué hice? ¿Por qué Dios se está vengando de mí?" Recuerdo haber pensado esto cuando tenía gripe de niño. Ya sabes, sentado en el baño, vomitando: "Dios, no sé lo que hice, pero te prometo que seré..." Solo pensamos que nuestro sufrimiento está íntimamente conectado con nuestro pecado.

He aquí por qué pensamos eso: Porque en su mayoría lo es, ¿verdad? No tienes que ser una persona de la biblia para creer que cuando tomas malas decisiones, a menudo terminas con una mala vida. Si estás de fiesta todos los fines de semana, no te sorprendas cuando te despiertes con resaca. El dolor físico y el sufrimiento no son parte de algún misterioso plan de Dios; eso es solo ser tonto. Si eres mandón y controlador en tu relación y termina siendo un desastre, tal vez te lo merecías. Si ignoras totalmente a Dios y sus asombrosas promesas de cuidarte y protegerte y en lugar de ello te sumerges en la noticia de que el cielo se está cayendo, el mundo no tiene sentido, y todos se odian unos a otros, te sentirás ansioso al final del día. Quizás eso se deba a que tomaste malas decisiones. En la Biblia, el libro de Proverbios habla de esto todo el tiempo. A menudo hay una conexión entre el pecado personal y el sufrimiento personal. Así que no es una locura cuando la vida es dura que podamos pensar que debe haber alguna conexión con lo que hicimos.

Pero aquí hay un problema: a menudo hay una conexión entre el pecado y el sufrimiento, pero no siempre hay una conexión entre el pecado y el sufrimiento. Un niño inocente es herido por un miembro de la familia. Un niño de diez años tiene cáncer. Un accidente automovilístico al azar cambia a una familia para siempre. Eso no es lo mismo que emborracharse y luego tener resaca. No es lo mismo que discutir y que nadie quiera estar cerca de ti. Cuando las cosas malas son al azar, las personas luchan con la única otra respuesta lógica…

Dios es malo. Es increíblemente lógico, ¿verdad? Si supuestamente Dios está presente en todas partes, lo sabe todo, y puede hacer cualquier cosa, entonces, ¿por qué no puede arreglar tu sufrimiento personal? Si eres un niño pequeño que no puede dormir porque la ansiedad te revuelve el estómago y supuestamente Dios está presente, supuestamente sabe exactamente lo difícil que es para ti, y supuestamente tiene el poder de arreglarlo y no lo hace, no es una locura pensar que es malo. Tú no harías eso. Si conocieras a una familia con el corazón roto cuyo hijo tuvo un accidente y pudieras presionar un botón y arreglarlo, ¿mirarías el botón y no lo presionarías? Todos en la sala dirían: "Eso es malo. Eres malo". Esta es una lucha lógica que lleva a muchas, muchas personas a cuestionar la bondad de Dios e incluso la existencia de Dios. Encuentra a una atea inteligente, pregúntale por qué ella no cree que existe Dios, y casi puedo garantizar que esto estará en sus tres principales: ¿Cómo puede existir un Dios bueno en un mundo que está tan quebrantado y doloroso? Si Dios es amoroso y podría cambiarlo pero no lo hace, ¿cómo puedes creer que Dios todavía es bueno?

¿Ves por qué la pregunta más natural es la más peligrosa? Tú sufres. Yo sufro. Nosotros sufrimos. ¿Somos malos? ¿Está Dios loco? ¿Debemos sentirnos culpables o avergonzados? ¿Deberíamos desconectarnos de la fe? ¿Agitar un puño al cielo? ¿Negar su existencia? ¿Seguir adelante con esta vida? Es una lucha real, es una lucha intensa, y es una lucha que ha existido durante mucho, mucho tiempo.

Hemos estado estudiando el libro de Job. Es un libro de sabiduría que está escondido en la mitad de nuestras Biblias. El libro de Job trata esencialmente del amor de Dios. ¿Amaremos a Dios cuando la vida es dura? ¿Podemos estar seguros de que Dios nos ama cuando la vida es dura? Pero si has leído el libro de Job antes, sabes que la mayor parte trata acerca de esta pregunta: ¿Por qué? Hay un tal Job, su vida se está desmoronando, ha perdido su salud, ha perdido su riqueza, y sus diez hijos mueren en un trágico accidente. Sus tres amigos aparecen, y más tarde, un cuarto amigo aparece. Cuando estos cinco hombres se reúnen en la misma habitación y empiezan a hablar entre sí, la pregunta que quieren responder es esta: ¿Por qué sucedió esto? "Job, ¿por qué perdiste todo? ¿Por qué se han ido tus hijos?" Levantan sus ojos al cielo y preguntan lo mismo que tú y yo: ¿Por *qué*?

Es toda una discusión porque no toma solo un versículo o un capítulo en el libro de Job; se extiende desde el capítulo 3 de Job hasta el capítulo 37 de Job. Treinta y cinco capítulos seguidos de la Biblia que intentan responder la pregunta del por qué. No voy a escribir sobre cada capítulo, pero sí quiero mostrar lo que sucede cuando respondemos a la pregunta de *por qué* de la manera incorrecta. Y luego quiero mostrarte algunas perlas de sabiduría que se encuentran dentro de este libro y que quizás te hayas perdido. Podrían ayudarte la próxima vez que hagas la pregunta, "¿por qué?".

Si quieres un buen resumen de Job capítulos 3-37, busca en Google "Job de William Blake". Él fue un artista en la década de 1800. Si miras esa imagen, no es difícil adivinar cómo respondieron los amigos de Job a la pregunta del por qué. ¡Mira esos dedos que señalan! Habían venido a consolarlo, pero cuando la pregunta necesito ser contestada de por qué esto le sucedió a Job, esta fue su acusación: "Porque debes ser malo, Job".

Permíteme compartir varios versículos de este

argumento de 35 capítulos. Uno de los amigos de Job, un hombre llamado Elifaz, dice esto: **"La experiencia me ha enseñado que los que siembran maldad cosechan desventura"** (4:8). Es un poco poético. ¿Oyes lo que dice? "Cosecha lo que siembras. ¿Por qué tienes tantos problemas? Porque tú lo empezaste". Se pone peor cuando su amigo Bildad abre la boca. Él dice: **"Si tus hijos pecaron contra Dios, él les dio lo que su pecado merecía"** (8:4). "¿Por qué tus hijos están muertos? Porque eran malos". Zophar, su otro amigo, agrega esto: **"Sabrías entonces que buena parte de tu pecado Dios no lo ha tomado en cuenta"** (11:6). "Sé que tu cuerpo está cubierto de forúnculos, sé que tus diez hijos están muertos, sé que has perdido todo lo que tenías, pero creo que Dios olvidó la mitad de las cosas malas que hiciste. Deberías estar peor".

Job sufre un intenso dolor; él sabe que nada de esto es verdad. Él responde en Job capítulo 9: **"¿Cómo puede un mortal justificarse ante Dios?"** (versículo 2). "¿Cómo puedo probarte que nada de esto es verdad? Soy inocente; no hice nada malo". Y él dice en Job 6:24: **"Instrúyanme y me quedaré callado; muéstrenme en qué estoy equivocado"**. "Tú me acusas a mí y a mis hijos de pecar. ¿Puedes traer la prueba? ¿Recuerdas la hora? ¿Puedes presentar tus pruebas?"

Y porque Job sabe que no ha hecho nada malo, nada que coincida con este tipo de sufrimiento, lo que termina haciendo es volverse contra Dios. Y él dice: "Hombre, ojalá pudiera llevar a Dios a la corte. Si no fuera un cobarde que se esconde en el cielo, iría a la acusación y lo acusaría. No merezco esto. No pequé. ¿Por qué estoy sufriendo?" Y cuando Job dice eso, que quizás Dios es malo, sus amigos lo pierden. Uno de sus amigos dice esto: **"¿Por qué te dejas llevar por el enojo? ¿Por qué te relampagueen los ojos? ¿Por qué desatas tu enojo contra Dios y das rienda suelta a tu lengua?"** (15:12,13). Job está exhausto por ello, por lo que responde: **"¿No habrá fin a sus discursos inútiles? ¿Qué les irrita tanto que siguen contendiendo?"** (16:3).

Entonces Bildad responde: **"¿Por qué nos tratas como si fuéramos bestias? ¿Por qué nos consideras unos tontos?"** (18:3). Y Job responde: **"¿No han interrogado a los viajeros? ¿No han prestado atención a sus argumentos? En el día del desastre, el malvado se salva; en el día de la ira, es puesto a salvo"** (21:29,30). "Espera, si a la gente mala le va bien, entonces tal vez el sistema no funciona como crees. Si los villanos se salen con la suya, si los tipos que son idiotas consiguen a la chica, entonces tal vez el mundo no funciona como supones". Y entonces sus amigos contraatacan. Elifaz dice: **"¿No es acaso demasiada tu maldad? ¿Y no son incontables tus pecados? Sin motivo demandabas fianza de tus hermanos, y en prenda los despojabas de sus mantos; desnudos los dejabas"** (22:5,6). Job sabe que eso es mentira. Así que se dobla la apuesta y dice: **"Jamás podré admitir que ustedes tengan la razón; mientras viva, insistiré en mi integridad"** (27:5).

Es como la sección de comentarios en Facebook, ¿verdad? Eres un tonto. No, eres un tonto. No, tú eres. No, tú eres. Son hombres adultos siendo como niños, cuatro tipos que solo se dejan llevar. Eres malo; no, Dios es malo. No digas que Dios es malo; eso es malo. Bueno, eres malo porque hablas demasiado. Bueno, eres malo porque dijiste que Dios no habla lo suficiente. Van y vienen, van y vienen, y van y vienen, hasta que el quinto hombre aparece. Aparentemente, es un hombre más joven. Ha estado escuchando a estos hombres mayores durante demasiado tiempo, y ahora lo sabe, les ha mostrado respeto, y es su turno de hablar.

Su nombre es Eliú. Y usted sabe que va a ser duro porque en un momento dice esto: **"Te aseguro que no hay falsedad en mis palabras; ¡tienes ante ti a la sabiduría en persona!"** (36:4). Te reto a que le digas eso a tu padre: "Papá, es posible que quieras sacar tu pluma. Estoy a punto de hablar, y va a ser increíble". Entonces, ¿cuál es el conocimiento perfecto de Eliú? Es bastante inteligente para un chico joven, así que piensa. ¿Cómo va a responder a la pregunta de por qué? Bueno, esto es lo que él dice: **"Dios paga al hombre según sus obras; lo trata como se merece. ¡Ni pensar que Dios actúe con maldad! ¡El Todopoderoso no pervierte la justicia!"** (34:11,12). En la mente de Eliú, solo hay dos respuestas: "¿Dios es injusto? Impensable. Entonces estás obteniendo lo que tu conducta merece. Te veías bien, pero escondías algo. Todos pensaban que eras un buen hombre, pero Dios podía ver tu corazón. Él sabe que eres malo, y es por eso que estás pasando por un mal momento de la vida".

Puedes leer el resto si quieres, los 35 capítulos. Te he dado los puntos negativos de la conversación. Pero si lo lees, podrías preguntarte por qué esto está en la Biblia. La Biblia tiene un determinado número de capítulos, versículos y páginas. ¿Por qué Dios desperdiciaría 35 capítulos en cinco hombres discutiendo? La respuesta es esta: Porque cuando tú y yo insistimos en tratar de averiguar por qué, todo sale mal. Escuchamos que algo malo le ha pasado a alguien, tal vez un amigo se está divorciando, y empezamos a pensar: "¿Me pregunto qué hicieron?". O pasamos por algún sufrimiento físico, como yo cuando era un niño pequeño con gripe, y nos preguntamos: "Dios, no sé qué es, pero debe ser algo. Perdóname". O como un ateo, sacudimos la cabeza y nuestros puños hacia el cielo y nos preguntamos si Dios es el mismo Dios en el que creíamos cuando éramos niños pequeños. El libro de Job es una advertencia enorme sobre lo que sucede cuando insistimos en saber por qué.

Puede que estés tentado a hojearlo, pero vale la pena tu tiempo porque en medio de estos largos argumentos hay dos verdades que pueden ayudarte cuando no entiendes por qué. En Job capítulo 28, hay lo que mi Biblia llama un interludio sobre la sabiduría. El capítulo es un poco extraño; habla sobre cobre, hierro, plata y oro y, de cómo no se encuentran los trozos de oro aquí en el suelo; en realidad está enterrado muy, muy, muy profundo en la tierra. No puedes verlo; es casi imposible encontrarlo. Todos los pájaros pueden ver gran parte del mundo, pero no pueden verlo. Y luego está esta sección: "**¿De dónde viene la sabiduría? ¿En qué lugar se encuentra la inteligencia? Se halla escondida de todo ser vivo; se halla escondida de las aves del cielo... Sólo Dios sabe llegar hasta ella; sólo él sabe en dónde se halla**" (28:20,21,23). Entonces, ¿dónde está la respuesta? ¿Cómo vas a entender por qué pasaste por eso física, financiera o relacionalmente? En tu matrimonio, con tu cuerpo, con lo que sea, con nuestro mundo, la respuesta está escondida. Es como un diamante enterrado en algún lugar de la tierra que nunca verás. Dios lo ve. Él conoce la respuesta. Pero Dios no ha elegido revelarla. Por lo tanto, tú y yo no lo sabemos.

Es difícil de tragar, pero quiero que escribas esto. Este libro de sabiduría del Antiguo Testamento responde a la pregunta: ¿Por qué tengo este dolor? Aquí está la respuesta bíblica: No sabemos por qué. Podríamos adivinar, pero eso sería peligroso. Podríamos suponer, pero eso podría ser tonto. Lee la Biblia, de principio a fin, y no descubrirás por qué. Estudia griego y hebreo, como los pastores de nuestra iglesia que pueden hacerlo en el lenguaje original de las Escrituras; todavía no sabrás por qué. Comienza desde la portada y haz todo el camino hasta la parte posterior pasando los mapas. ¿Sabes dónde encontrarás la respuesta a tu dolor específico? No lo harás.

Así que quiero que practiques conmigo la respuesta más sabia a la pregunta del por qué. Voy a hacer una serie de preguntas, y quiero que me des la respuesta bíblicamente más sabia, ¿de acuerdo?

¿Por qué algunas personas pierden a sus padres cuando apenas eran solo niños pequeños?
No lo sé.

¿Por qué algunas personas luchan con la ansiedad de sus recuerdos anteriores?
No lo sé.

¿Por qué hay mujeres realmente increíbles que no pueden concebir hijos?
No lo sé.

¿Por qué hay accidentes automovilísticos con personas que eran las mejores personas de la ciudad?
No lo sé.

¿Por qué pasaste por ese año de tu vida que desearías poder rehacer?
No lo sé.

¿Por qué hubo esa temporada de dolor que tú simplemente no entendiste?
No lo sé.

No lo sé. Desearía saberlo. Si lo supiera, te lo diría. Si pudiéramos cavar y encontrarlo como si fuera un trozo de oro, nos gustaría cavar para ello. Pero solo Dios sabe la respuesta a esa pregunta. Tú y yo podemos adivinar todo el día, y quizás algunas de las suposiciones nos harán sentir mejor. Quizás Dios te permitió luchar contra la depresión porque quería tomar ese desastre y convertirlo en un ministerio. Quería usarte para llegar a alguien que estaba deprimido y no habría funcionado si no hubieras entendido lo que es estar allí. Quizás Dios tenía un propósito para eso. Quizás sabía que ese doctor o enfermera ni siquiera creía en Dios y quería usar tu fidelidad y tu sufrimiento en la habitación del hospital para que lo vieran y dijeran: "No tengo eso". Quizás ese era su propósito. Quizás Dios permitió la muerte de esa persona de tu familia porque sabía que tu primo vendría al funeral y finalmente se daría cuenta de que lo que importa al final no es tu dinero, ni tu cuerpo, ni tu trabajo. Es tu fe en Jesús, y fue esa chispa la que hizo que tu primo se acercara más a Dios. Quizás esa fue la razón, pero no estoy seguro.

Mi hermano pequeño murió a las seis semanas de edad. ¿Por qué Dios le hizo eso a mis padres? Tenemos una suposición. Mi mamá piensa que después de que Jimmy murió, ella me abrazó fuertemente y me crió para que conociera a Jesús. Es posible que hoy sea pastor porque eso le pasó a mi hermano pero, honestamente, no lo sé. Y tú tampoco.

Entonces, si no sabemos por qué, ¿por qué confiaríamos en Dios? Es muy conveniente, ¿verdad? Si estuvieras saliendo con alguien y no estuviera ahí para ti cuando lo necesitabas, podrías decir, "bueno, ¿por qué no ayudaste?".

Si te dijeran: "No te lo voy a decir", estarías fuera de esa relación, ¿verdad? ¿Por qué confiarías en una persona que no te dice lo que sabe? Encontramos esa misma respuesta en el libro de Job. En medio de los altibajos de su fe, sus gritos a Dios, cuestionando a Dios, acusando a Dios, Job realmente nos da esta respuesta. Él dice: "No sabemos por qué, pero sí sabemos quién". Dios no ha revelado por qué no detuvo este dolor, pero ha revelado muchas cosas sobre sí mismo. Y si sabemos quién es Dios, si sabemos cómo es Dios, entonces aprendemos a respirar hondo y confiar en que Él es Dios. Un Dios en el que podemos confiar. Un Dios al que no tenemos que cuestionar. La Biblia diría: "Quédense quietos, reconozcan que yo soy Dios".

Cuando mis hijas eran pequeñas, Kim y yo las llevamos al médico para sus chequeos y vacunas. Nos quedamos allí mientras una mujer extraña a la que acabamos de conocer destapó una aguja y la clavó en el muslo gordo de una de nuestras niñas pequeñas. ¿Alguna vez has visto a un niño cuya boca grita unos tres segundos antes de que salga la voz? Los ojos se llenan de lágrimas, y aunque nuestra hija no pudo decirlo en ese momento, nos miró con una expresión que decía: "¿Por qué? ¿Por qué no detienes esto, papá? ¿Quién es esta mujer? ¿Por qué me está hiriendo, y por qué estás sonriendo?". De hecho, no solo estábamos mirando, estábamos sujetando esas pequeñas piernas para que pudieran ser heridas de nuevo. No le dijimos por qué. Un niño pequeño no entiende cómo funciona la medicina o el cuerpo humano. En esos momentos, lo único de lo que podíamos depender era que ella no sabía por qué pero sí sabía quién. El padre que la estaba sujetando era el mismo padre que se acurrucó con ella en pijama esa mañana. La madre que estaba de pie, sin detenerlo, era la misma madre que le dio la vida, que la alimentó, que limpió sus desastres, que la besó en la frente, que le leyó pequeños libros en su regazo. No entendió por qué, pero esperamos que haya entendido quién.

Y espero que tú también. Podrías ir a la iglesia por el resto de tu vida. Podrías ver *Time of Grace* en la televisión hasta el día en que mueras, pero no descubrirás la razón por la que te sucedió cierta cosa. Pero si sigues yendo a la iglesia, si sigues leyendo la Biblia, si sigues mirando, encontrarás algo: *Quién*.

Así es como Job lo expresó en medio de su desastre. Él dijo: **"Yo sé que mi Redentor vive y que al final se levantará sobre el polvo. Y, cuando mi piel haya sido destruida, todavía veré a Dios con mis propios ojos. Yo mismo lo veré con mis propios ojos; yo lo veré, no otro. ¡Este anhelo me consume las entrañas!"** (Job 19:25-27). ¡Me encanta eso! "Esto es lo que sé", dijo Job. "No sé por qué Dios está haciendo esto. No lo entiendo. Estoy frustrado con Dios, pero sé esto: sé que mi Redentor vive".

Los cristianos que sufren han estado diciendo eso los últimos dos mil años. Por lo que estás pasando ahora, por lo que has pasado, ha habido innumerables cristianos que han atravesado ese valle porque dijeron: "Yo sé quién". Ellos dijeron: "No sé por qué, pero sí sé quién. No sé por qué está sucediendo esto, pero sé que mi Dios es digno de alabanza. No sé por qué Él no está deteniendo esto, pero sí conozco el tipo de Dios a quien adoro. Él es mi Redentor".

La palabra *Redentor* es una palabra bíblica elegante. Literalmente significa "pagar un precio para recuperar algo". Si una empresa te da un cupón, puedes canjearlo; que te pagará un precio, el descuento, para obtener el cupón de vuelta. Job dijo: "Esto es lo que sé: Sé que tengo un Redentor. Tengo un Dios que pagó un precio para recuperar algo". ¿Eso te suena familiar? "No sé por qué, pero sí sé quién. Conozco a Jesús, el Salvador, que me redimió. Si conozco a Jesús, el que sufrió algo aún peor por mí. Sé que hay un Dios que no solo me dio una segunda oportunidad; Él pagó toda la deuda para que yo pudiera ser llamado su hijo. Conozco a un Jesús que murió en una cruz por mis pecados, y ahora vive, resucitado al tercer día. Sé que Jesús me vistió tan perfectamente con sus vestiduras santas que veré a Dios. No seré echado fuera de las puertas; no seré condenado al infierno. Lo veré con mis propios ojos. Me presentaré ante Él y me regocijaré. No sé por qué sufrí, pero sí sé quién sufrió por mí". Eso es lo que Job sabía, ¿y tú?

¿Cómo podría Dios ser malo si envió a su Hijo por nosotros? No conozco tu historia, pero en mi vida no he estado en prisión, no me han arrestado, pero he hecho mil cosas que me avergonzaría que supieras. Pero Dios me ama. Hay pecados que preferirías olvidar; hay secretos que podrías estar guardando. Dios lo sabe todo y, sin embargo, te ama. No éramos los mejores amigos de Dios sino sus enemigos, simplemente viviendo para nosotros mismos, ignorando la Biblia, ignorando la oración, y la respuesta de Dios a ese tipo de rebelión fue enviar un Redentor. No puede ser malo. Alguien que ama a sus enemigos no puede ser malo. Alguien que nos da mil oportunidades para escuchar las buenas noticias y creer que no pueden ser malas, así que este es el trato. No sé por qué, pero sí sé quién. Espero que no sufras hoy o esta semana o este año. Pero si lo haces, no pierdas tu tiempo. No sabemos por qué. En cambio, fija tus ojos en quién, el Salvador que te amó tanto que pasó por algo peor que Job. El Salvador que se ha resucitado de la tumba para que puedas tener la esperanza de la vida eterna sin dolor. Él es el Salvador que está contigo, caminando por el valle de la sombra de la muerte para que no temas ningún mal.

Oración

Querido Dios, me gustaría que me dijeras por qué. Parece algo razonable, pero no es así. Sería una locura para mí pensar que sé más. Sería arrogante de mi parte asumir que podría ser Dios y hacerlo mejor que tú. Así que dame el tipo de humildad que se necesita para aceptar tu falta de respuesta.

Al diablo le encantaría que respondiera a la pregunta de por qué de estas maneras: pensar que no soy perdonado, que estás enojado conmigo, que todavía me estás castigando, o hay algo que hice que Jesús no hizo. O le encantaría que me volviera contra ti, que te cuestionara, que dudara de ti, que me frustrara contigo en lugar de estar agradecido por ti. Dios, aléjame de esas dos tentaciones. Líbrame de ese mal mientras dejo ir la pregunta y confío en que me amas.

Jesús, si vinieras y me enseñaras un montón de reglas, probablemente no podría confiar en Dios. Pero desde que viniste a buscar y salvar a las personas que estaban perdidas, desde que viviste una vida santa para que yo pudiera vestirme en ti, desde que moriste para quitar toda mancha y pecado, y desde que te levantaste de la tumba para probar que eso es verdad, puedo confiar en ti. Verdaderamente eres mi amado Salvador y mi amado Señor.

Así que te pido, Espíritu Santo, que me des fe. Jesús, tú dijiste que en este mundo tendríamos muchos problemas, y yo soy la prueba viviente. Pero nunca me dejarás; nunca me abandonarás, y un día tú y yo estaremos sobre la tierra gloriosos y nuevos. No me arrepentiré de haber dicho: "No sé por qué, pero sí sé quién". Oro por todas estas cosas, Jesús, en tu hermoso nombre. Amén.

Para Estudio Adicional: ¿Dios no me dice por qué hay dolor?

Dr. Bruce Becker

El Pastor Mike comenzó este capítulo con estas palabras: "He aprendido a través de los años de ser pastor que cuando estamos en dolor, la pregunta más natural para nosotros es en realidad la pregunta más peligrosa para nosotros hacer".

¿Cuál era esta pregunta natural pero peligrosa?

―

El Pastor Mike indicó que esta es una pregunta natural pero, debido a las dos perspectivas que las personas tienen al responder la pregunta, se convierte en una pregunta espiritualmente peligrosa para hacer.

Primera perspectiva

Resume por ti mismo o comparte con otros en tu grupo cuál es la *primera perspectiva* cuando las personas preguntan "¿Por qué?".

¿Por qué esta primera perspectiva en su *mayoría es correcta*?

Pero, ¿qué hace que esta primera perspectiva sea espiritualmente peligrosa?

¿Alguna vez te has preguntado *por qué*, de esta manera? Si es así, da un ejemplo de tu experiencia de vida.

Segunda perspectiva

Resume por ti mismo o comparte con otros en tu grupo cuál es la segunda perspectiva cuando las personas preguntan "¿Por qué?".

¿Qué hace que esta segunda perspectiva sea *increíblemente lógica*?

Pero, ¿qué hace que esta segunda perspectiva sea espiritualmente peligrosa?

¿Alguna vez te has preguntado *por qué*, de esta manera? Si es así, da un ejemplo de tu experiencia de vida.

A partir del capítulo 3 de Job, esta es la pregunta que Job y sus amigos hacen repetidamente: ¿Por qué? Durante 35 capítulos seguidos, Job y sus amigos hacen esta pregunta desde la primera o la segunda perspectiva.

Hagamos un viaje rápido a través de estos 35 capítulos. En el camino, consideremos algunas declaraciones hechas por Job y sus amigos. Evalúa si la declaración está más alineada con la primera perspectiva o con la segunda perspectiva.

> Elifaz: **"La experiencia me ha enseñado que los que siembran maldad cosechan desventura. El soplo de Dios los destruye; el aliento de su enojo los consume"** (4:8,9).

> Job: **"Si he pecado, ¿en qué te afecta, vigilante de los mortales? ¿Por qué te ensañas conmigo? ¿Acaso te soy una carga?"** (7:20).

> Bildad: **"Si tus hijos pecaron contra Dios, él les dio lo que su pecado merecía"** (8:4).

> Job: **"Aunque sé muy bien que esto es cierto, ¿cómo puede un mortal justificarse ante Dios? Si uno quisiera disputar con él, de mil cosas no podría responderle una sola"** (9:2,3).

> Zophar: **"Sabrías entonces que buena parte de tu pecado Dios no lo ha tomado en cuenta"** (11:6).

> Job: **"Enumera mis iniquidades y pecados; hazme ver mis transgresiones y ofensas. ¿Por qué no me das la cara? ¿Por qué me tienes por enemigo?"** (13:23,24).

Elifaz: **"Tu maldad pone en acción tu boca; hablas igual que la gente astuta"** (15:5).

Job: **"Dios me ha entregado en manos de gente injusta; me ha arrojado en las garras de los malvados"** (16:11).

Este diálogo de ida y vuelta continúa por otros 15 capítulos hasta que Job deja de hablar con sus amigos.

¿Cuál es el contraste entre cómo los amigos de Job estaban respondiendo a la pregunta de por qué y cómo Job estaba respondiendo a la pregunta?

En Job capítulo 32, encontramos a otra persona. Su nombre es Eliú. Es un hombre más joven con la opinión de que él es el único con conocimiento perfecto. Su mensaje se resume en estas palabras: **"Escúchenme, hombres entendidos: ¡Es inconcebible que Dios haga lo malo, que el Todopoderoso cometa injusticias! Dios paga al hombre según sus obras; lo trata como se merece"** (Job 34:10,11).

Job afirmó su inocencia y creyó que Dios le estaba haciendo daño. ¿Cómo respondió Eliú a las afirmaciones de Job?

El Pastor Mike reveló por qué hay 35 capítulos de diálogo de ida y vuelta intentando responder la pregunta del por qué. Considera tu mismo o discute con otros en tu grupo lo que el Pastor Mike dijo: "El libro de Job es una advertencia enorme sobre lo que sucede cuando insistimos en saber por qué".

El Pastor Mike luego continuó diciendo: "Este libro de sabiduría del Antiguo Testamento responde a la pregunta, ¿por qué tengo este dolor? Aquí está la respuesta bíblica: No sabemos por qué".

¿Qué significa la respuesta "no sabemos por qué" para nosotros cuando experimentamos quebrantamiento y dolor en nuestras vidas?

¿Qué significa esta respuesta cuando estamos junto a otros que están experimentando quebrantamiento y dolor?

En medio del diálogo entre Job y sus amigos, Job cambió su enfoque del "por qué" al "quién": **"Yo sé que mi Redentor vive y que al final se levantará sobre el polvo. Y,**

cuando mi piel haya sido destruida, todavía veré a Dios con mis propios ojos. Yo mismo lo veré con mis propios ojos; yo lo veré, no otro. ¡Este anhelo me consume las entrañas!" (Job 19:25-27).

Cuando nosotros u otros experimentamos quebrantamiento y dolor en nuestras vidas, ¿qué consuelo nos brindan estas palabras de Job?

¿Cuál es para ti la conclusión más significativa de este quinto capítulo?

— Capítulo 6 —

¿La falta de respuesta de Dios cuenta como respuesta?

Recientemente tuve una conversación con un hombre que nunca había conocido antes. Alguien que ve nuestros servicios de la iglesia en línea le había dado mi número. Hablé con este hombre por teléfono una tarde, y antes de colgar, descubrí que él y yo teníamos una increíble cantidad de cosas en común. En el transcurso de la conversación, descubrí que su ciudad natal era exactamente el mismo lugar donde crecí. Se graduó el año exacto en que me gradué de la escuela secundaria. El también jugó al fútbol. Y resulta que este hombre y yo estábamos literalmente en el mismo campo de fútbol jugando uno contra el otro hace 20 o 25 años. Teníamos esta increíble cantidad de cosas en común, excepto por una gran cosa.

En cuanto colgué el teléfono esa tarde, me fui a casa, donde mi esposa me estaba esperando con la cena y nuestra cita semanal del viernes por la noche. Cuando él colgó el teléfono, continuó sentado en una casa muy tranquila porque su joven esposa acababa de morir. Ella murió repentinamente; nadie lo vio venir. Algo salió mal; en un momento estaban haciendo planes para el futuro, y luego ella se fue.

Obviamente no puedo compartir mucho sobre la conversación que él y yo tuvimos, pero creo que es seguro decir que la pregunta que me hizo, la razón por la que quería hablar con un pastor que ni siquiera conocía, era porque se preguntaba exactamente lo mismo que yo me hubiera preguntado si yo fuera él. Él se preguntaba: "¿Por qué? Pastor, ¿por qué sucedió esto? De todas las personas en el mundo, mi esposa era una persona increíble. ¿Por qué ella? De todas las parejas del mundo, éramos felices juntos; no todas las parejas lo son. ¿Por qué nosotros?". Su corazón anhelaba una explicación de la tragedia que había sucedido; se preguntaba por qué.

Es la pregunta más natural del mundo cuando estás sufriendo, ¿no? De hecho, toma nota de lo siguiente porque creo que es muy cierto para tu corazón, para mi corazón, y para el corazón de este pobre hombre. Cuando la vida es dura, necesitamos un por *qué*. Puede que no te conozca personalmente, pero apuesto a que puedo predecir esto: que has sido capaz de pasar por algunas temporadas realmente difíciles de la vida porque tenías una buena razón de por qué. Cuando las personas tienen una razón de por qué, no se vuelven contra Dios, no agitan sus puños hacia el cielo, ni cuestionan su fe por completo porque la vida es dura. Piensa en la escuela. ¿Cuántas mañanas dolorosas te despertaste? ¿Cuántas miles de horas estudiaste cosas que no te interesaban? ¿Cuántas pruebas, cuántos exámenes, cuántos años estuviste sentado en un escritorio incómodo? Pero lo hiciste a pesar de que fue doloroso porque había una buena razón por qué; sabías que la educación y la graduación te podrían llevar a una beca o a la universidad o a un buen trabajo, un buen salario, una vida mejor. Pasaste por ese dolor porque entendiste por qué.

O piensa en los deportes. ¿Tuviste un entrenador que te hiciera correr? Los llamábamos suicidios en el pasado; corrías y corrías, y corrías más, y corrías mucho más. Jadeaste y sentiste ganas de morir. Pero lo hiciste, y volviste al día siguiente para practicar. ¿Por qué lo hiciste? Porque había una razón por la que. Querías ser más rápido y más fuerte; querías sobrevivir al equipo en el gran juego. Querías llegar a las eliminatorias. Tú y yo podemos pasar por sufrimiento físico si hay una razón.

O piensa en el parto. No quiero que ninguna mujer que lea esto reviva el trauma, ¿pero lo recuerdas? ¿Recuerdas las náuseas matutinas y los pies que se hinchan y la ropa que no te queda e intentar dormir mientras el niño que se ve tan lindo en el ultrasonido 4D es como un luchador de AMM, golpeando el interior de su útero? La física de esto me desconcierta. Físicamente empujaste al niño fuera de tu cuerpo y aún así, no perdiste tu fe...porque había una buena razón para ello.

Podemos superar temporadas difíciles de la vida—como el dolor de parto, sufrimiento agonizante—, siempre y cuando haya una razón suficientemente buena, siempre y cuando entendamos por qué. Recibimos el dolor de la educación. Recibimos el dolor del atletismo. Sufrimos el dolor del parto, pero a veces pasamos por cosas en la vida que no tienen una explicación tan obvia. No me has llamado por teléfono como aquel hombre de ese viernes por la tarde, pero te has preguntado lo mismo: "¿Por qué pasaría esto? Y de todas las personas del mundo, ¿por qué tenía que pasarme a mí?". Quizás esto se remonta a la infancia. ¿Por qué no estaba tu padre allí? ¿Por qué te creó y luego no quiso criarte? No hiciste nada malo. Algunos niños tienen familias increíbles, padres que están juntos, pero, ¿por qué tú no? O tenías un padre que estaba allí y tal vez desearías que no estuviera. Era físicamente agresivo, emocionalmente distante, o se suponía que era una pequeña visión de nuestro Padre Celestial, pero fue justo lo contrario. Ves algunos niños jugando a la pelota con su padre en el patio trasero, pero esa no fue tu infancia. ¿Por qué?

A algunos niños les va bien en la escuela. Es como si se presentaran sin estudiar para el examen y luego lo aprobaran, pero tú eres el niño que le costaba leer, entender, recordar; siempre estas atrasado a pesar de que te esfuerces. ¿Por qué pasa eso? Algunas personas nunca tienen que lidiar con la ansiedad toda su vida. Se duermen fácilmente, pero tú no. ¿Y te preguntas por qué? "Dios, oro por esto todo el tiempo; ¿por qué esto simplemente no desaparece?" Yo podría añadir a las preguntas, ¿verdad? ¿Por qué la depresión es parte de algunas de nuestras historias? ¿Por qué hay accidentes automovilísticos y cáncer? ¿Por qué algunos de nuestros padres, abuelos y mejores amigos mueren jóvenes? ¿Por qué algunos de nosotros queremos el amor pero no podemos encontrarlo? ¿Por qué algunos de nosotros pensamos que hemos encontrado el amor y luego se nos escapa de las manos? ¿O hacemos nuestros votos para bien o para mal y luego los rompemos? Queremos tener hijos, pero no podemos? "Dios, solo dime una razón, y puedo superarlo".

Pero ese es el problema, ¿verdad? La verdad es que no sabemos por qué. Cuando ese hombre me llamó, intenté escuchar. Traté de ofrecerle algunos versículos, pero al final del día, su pregunta visceral básica fue: "¿Por qué me sucedió esto a mí?". No pude responder. Y esa es la lucha con parte de nuestro dolor. Necesitamos un por qué, pero no podemos encontrarlo. Solo hay una persona que realmente sabe por qué la vida es como es, y no tenemos exactamente conversaciones personales con Él.

Pero eso es lo que hace que el libro de Job sea tan absurdamente fascinante. Al final de Job, este libro del Antiguo Testamento sobre el dolor y el sufrimiento, Dios, el único que sabe por qué, aparece para hablar con Job, el que necesitaba una respuesta del por qué. El libro de Job tiene 42 capítulos. Durante unos 35 de esos capítulos,

Job y sus amigos discuten sobre por qué está sucediendo esto. ¿Es malo Job? ¿Es malo Dios? No pueden entenderlo; es un desastre total. Entonces del capítulo 38 al 42, Dios desciende y tiene una conversación cara a cara con su querido amigo Job.

Lo que sucede en esa conversación no es en absoluto lo que esperarías, pero si tú o alguien que amas está sufriendo profundamente, es exactamente lo que necesitas. Vamos a repasar los últimos cinco capítulos del libro de Job en la búsqueda de la pregunta que todos queremos que se responda: ¿Por qué? Comencemos con Job 38:1-3: **"El Señor respondió a Job desde la tempestad. Le dijo: «¿Quién es éste, que oscurece mi consejo con palabras carentes de sentido? Prepárate a hacerme frente; yo voy a interrogarte y tú me responderás»"**. Oh. Dios aparece en una tormenta. ¿Alguna vez has sido atrapado en una tormenta feroz? Boom—los cielos se vuelven negros; ¡zas!, cae la lluvia; relámpagos; y el trueno resuena,—y ese es el punto.

Dios aparece, no como un bebé, sino en medio de una tormenta feroz. Quiere recordarle a Job antes de decir una palabra sobre el punto que está a punto de decir. Por si acaso Job no capta el significado, Dios dice esto: "Prepárate como un hombre. ¿Trajiste tu casco hoy, Job? Lo vas a necesitar. Me han estado haciendo muchas preguntas; tú y tus amigos tuvieron muchas palabras. Ahora es mi turno. Voy a interrogarte, y me responderás". No citaré cada versículo que sigue después, pero los próximos dos capítulos, Dios intelectualmente acaba a Job. Revisé mi Biblia y marqué cada signo de interrogación. En Job 38 al 42, encontré 77 preguntas distintas que Dios le hace a Job. El lanza una pregunta tras otra, haciéndole a Job este examen sorpresa sobre cuánto sabe realmente sobre la forma en que funciona el mundo. ¿Y Job? A Job no le va muy bien. Obtiene un 0 sobre 77. Si estuviera en cuarto grado, se habría perdido su próximo recreo para estudiar de nuevo para el examen.

Déjame darte un pequeño vistazo del tipo de preguntas que Dios le hace a Job. Él dice: **"¿Dónde estabas cuando puse las bases de la tierra? ¡Dímelo, si de veras sabes tanto!"** (Job 38:4). Unos versículos más tarde dice: **"¿Tienes idea de cuán ancha es la tierra? Si de veras sabes todo esto, ¡dalo a conocer!"** (versículo 18). Unos pocos versículos más tarde Él dice: **"¡Con toda seguridad lo sabes, pues para entonces ya habrías nacido! ¡Son tantos los años que has vivido!"** (versículo 21). Es Dios siendo sarcástico, por cierto. Y Dios sigue adelante. Él dice: "Job, ¿sabes cómo funcionan las tormentas? ¿Puedes predecir su camino mejor que el mejor meteorólogo?". Y Job mira fijamente a la tormenta. "¿Qué tal los avestruces?", le dice Dios a Job. "¿Sabes por qué funcionan de la manera que lo hacen? ¿Por qué tienen la forma en que son? ¿Por qué corren rápido? Porque yo lo hago". Pregunta tras pregunta, pregunta tras pregunta. Primero 10, luego 30, luego 50, luego 70, luego 77 veces seguidas, Job se encoge de hombros. No lo sabe.

Tenga en cuenta que Dios no le ha dicho a Job por qué perdió su salud o su riqueza o sus hijos o sus hijas. Dios le ha mostrado a Job una y otra vez que tal vez Job no sabe tanto como pensaba. Y así, aquí está la respuesta de Job: **"Entonces Job respondió al Señor: «¿Qué puedo responderte, si soy tan indigno? ¡Me tapo la boca con la mano! Hablé una vez y no voy a responder; hablé otra vez y no voy a insistir»"** (Job 40:3-5). Mientras Job mira a la tormenta, mientras piensa un poco más críticamente acerca de lo que sabe y cuánto sabe Dios, se da cuenta de que no es digno de juzgar a Dios. No es digno de exigir una razón de Dios. En realidad se tapa la boca con su mano y dice: "Hablé una vez, pero no voy a hacerlo de nuevo".

Pero aparentemente Dios no ha terminado. En este punto, yo diría: "Bueno, Job, me alegra que lo hayas entendido". **"El Señor respondió a Job desde la tempestad. Le dijo: «Prepárate a hacerme frente. Yo te cuestionaré y tú me responderás. ¿Vas acaso a invalidar mi justicia? ¿Me condenarás para justificarte?»** (Job 40:6-8). "¿Es eso lo que vas a hacer, Job? ¿Vas a decir que eres malo? ¿No sabes la diferencia entre el bien y el mal? Me condenarías por ser un Creador indigno, poco amoroso y poco amable solo para demostrarles a tus amigos que no eres un mal hombre. ¿Es eso lo que estás haciendo?"

La primera vez que leí esto, pensé que Dios estaba siendo un poco malo. Es decir, Job dijo que lo sentía; dijo que no volvería a cuestionar a Dios. Y Dios regresa para la segunda ronda. Puede parecer cruel, pero puedo decirte esto: No lo fue. Desde la primera página del libro, sabemos que Dios ama a Job. Está tan orgulloso de su hijo Job que se jacta delante del diablo. Entonces, ¿qué está haciendo Dios? Un bloguero dijo que lo que Dios está haciendo con Job es algo así como lo que Gandalf el Grande hizo con Bilbo Bolsón en *El Hobbit*. Hay una escena donde Gandalf, que es un mago poderoso, está hablando con su amigo hobbit, Bilbo Bolsón. Bilbo posee un anillo mágico muy poderoso, y Gandalf está tratando de convencerlo para que se deshaga de este. Ha visto la magia maligna que está contenida dentro del anillo; está preocupado por lo que le hará al corazón de Bilbo. Pero Bilbo, que está bajo la influencia de la magia oscura, se vuelve contra su viejo amigo Gandalf. Empieza a sospechar de sus intenciones. Quizás piensa que Gandalf quiere que se deshaga de este para poder recogerlo y robarlo. Y se pone agresivo, cuestionador y dudoso. De hecho, busca su pequeña espada hobbit para luchar contra su viejo amigo. Entonces, ¿sabes qué hace Gandalf? El se marcha. Gandalf el Grande demuestra su grandeza. Se acerca y se eleva sobre el pequeño hobbit. Se pone grande y sus ojos brillan con rabia y dice: "Bilbo Bolsón, si dices eso de nuevo, me enojaré". Y viendo la rabia en sus ojos, Bilbo sale del hechizo. Gandalf da un paso atrás y dice: "Estoy tratando de ayudarte. Desearía que confiaras en mí como antes".

Eso es lo que Dios está haciendo con Job. Job, en su dolor y sufrimiento, está cuestionando al Dios que lo ama, que lo hizo, que lo bendice. Él no entiende las razones del por qué, así que ahora está cuestionando el mismo corazón de Dios. Está desacreditando la bondad y el amor de Dios. En realidad está condenando a Dios por no ser tan amoroso como decía ser, así que Dios se hace grande. Él dice: "Job, uh-uh. Estoy tratando de ayudarte. El pecado está corrompiendo tu corazón, y tengo que recordarte que yo soy Dios y no tú".

Es por eso que en los próximos dos capítulos, Dios comienza la segunda ronda. Esta vez no le hace tantas preguntas a Job como antes. En cambio, da dos ejemplos de estas inmensas bestias que habrían aterrorizado a Job. En los capítulos 40 y 41 de Job, se les llama el gigante y el leviatán. Ahora, si lees las descripciones en estos capítulos, parece que uno es un enorme megacocodrilo masivo y el otro es un hipopótamo feroz y agresivo. Algunas personas piensan que parecen más grandes que eso; podrían ser especies extintas. Algunas personas realmente piensan que estas son descripciones míticas de enormes bestias contra las que Job nunca podría luchar. Pero el punto de Dios es este: "Job, si te encontraras cara a cara con estas dos bestias, te sentirías muy, muy pequeño. Pero cuando estas dos bestias se encuentran cara a cara conmigo, se sienten muy, muy pequeñas. Me has estado cuestionando como si fuera tu igual, como si tuvieras el derecho de juzgarme; déjame darte un ejemplo para demostrar que no lo eres".

Sería una buena idea que te tomaras unos momentos para leer los capítulos 40 y 41. Aquí está mi línea favorita de Dios: "¿Podrás jugar con él como juegas con los pájaros o atarlo para que tus niñas se entretengan?" (Job 41:5). Dios está preguntando: "¿Te gustaría un cocodrilo como mascota? ¿Lo dejarías dormir al final de tu cama? No, estarías aterrorizado, pero a mí no me molesta. ¿Meterías un hipopótamo feroz y agresivo en una pequeña piscina con tus hijos? ¿Tus hijas? ¿Lo pondrías con una correa o lo pasearías por la cuadra? Porque puedo. Soy Dios. No soy tú, Job. Soy más grande, soy más fuerte, soy mejor, soy más santo, sé más, puedo hacer más, y amo más. Tú no eres como yo. Yo soy Dios, y no tú".

Y funciona. Finalmente en el último capítulo del libro, así es como responde Job: "**Job respondió entonces al Señor. Le dijo: «Yo sé bien que tú lo puedes todo, que no es posible frustrar ninguno de tus planes.** "¿Quién es este—has preguntado—, que sin conocimiento oscurece mi consejo?". **Reconozco que he hablado de cosas que no alcanzo a comprender, de cosas demasiado maravillosas que me son desconocidas. Dijiste:** "Ahora escúchame, yo voy a hablar; yo te cuestionaré y tú me responderás". **De oídas había oído hablar de ti, pero ahora te veo con mis propios ojos. Por tanto, me retracto y me arrepiento en polvo y ceniza»**" (42:1-6).

Job se arrepiente. Esa es la manera en que la Biblia dice que cambió de dirección. Estaba pensando esto y luego: "No, no, no; ahora pienso esto". Puedes leer la conclusión de la historia en un pequeño epílogo al final del capítulo 42. Dios aparece y aclara las cosas. Él restaura

¿La falta de respuesta de Dios cuenta como respuesta?

la salud de Job, y le devuelve su riqueza; de hecho, el doble. Lo bendice con una nueva familia: hijos e hijas. En el último versículo del libro de Job, Job murió anciano. Lo mejor de todo es que está lleno de fe y amor por Dios.

Pero aquí está la parte fascinante: Job nunca recibe una respuesta. Dios no aparece y dice: "Bueno, yo soy Dios; tú no, y ahora, Job, aquí tienes mi manual de estrategias. Aquí está la conversación que no escuchaste entre Satanás y yo. He aquí exactamente por qué dejé que eso pasara. Así es como voy a usar tu historia por generaciones para ayudar a las personas que están sufriendo". Dios nunca dice una palabra sobre nada de esto. El simplemente aparece y dice: "¡Dios!" Y eso fue bueno para Job. Dijo: "Mis oídos habían oído hablar de ti, Dios. Pensé que te conocía, pero ahora mis ojos te han visto. Así que me arrepiento porque verte, solo recordar quién, es suficiente".

Esa es una lección profunda para ti y para mí. Creemos que necesitamos una razón para ello. Pensamos que si Dios solo dijera esto o aquello, solo explicaría por qué este camino y no ese, pero no es cierto. Según la historia de un hombre que sufrió mucho más intensamente de lo que probablemente sufriremos, no necesitamos un por qué; sólo necesitamos recordar quién. Podrías pensar que estoy siendo repetitivo, pero escribe esto o destaca esto en el libro. En realidad es una respuesta en dos partes. La clave es recordar quién y Quién. Sí, me refiero a *quién* con una *q* pequeña y *Quién* con una Q mayúscula. El final del libro de Job se trata de recordar quién eres y quién es Dios. Si recuerdas esas dos cosas, entonces no necesitarás una respuesta a esa gran pregunta: ¿Por *qué?*

Entonces empecemos con quién. ¿Sabes quién eres? ¿Sabes quién soy? Soy un hombre de 41 años que no recuerda lo que desayunó hace tres días. Soy un hombre de mediana edad que a pesar de su educación no puede verificar sus nombres de usuario y contraseñas. Paso cerca de dos horas a la semana apenas adivinando cuál de las contraseñas va con una cuenta determinada. ¿Qué sabemos tú y yo de nosotros mismos, del mundo o de la forma en que funciona el universo? Podemos sentirnos grandes cuando nos comparamos con nuestros compañeros de clase, compañeros de trabajo y familiares, pero, ¿qué sabemos de la vida?

Déjame demostrártelo. Quiero que pienses en alguien que conozcas. Cualquiera. Ahora quiero que adivines cuántos cabellos hay en la cabeza de esa persona. La respuesta, si mi investigación es correcta, si estás pensando en una morena, es alrededor de 100,000. Si estás pensando en una rubia, la respuesta en promedio es 150,000. ¿Qué pasa con sus cejas? Cuántos pelos individuales hay en sus cejas. La respuesta es, en promedio, 600.

Este es mi punto: ¿Sabes cuántos pelos tienes en la cabeza? ¿Sabes cuántas respiraciones has realizado desde el desayuno? ¿Sabes cuántas veces ha latido hoy tu propio corazón para mantenerte con vida? Si no tuvieras un Fitbit o un iPhone, ¿sabrías cuántos pasos has dado desde el viernes pasado? El punto es que cuando se trata de ti y de mí, no tenemos ni idea. Antes de hacerme grande y empezar a cuestionar a Dios, es bastante humillante saber que es mi cabello y ni siquiera lo sé. Es mi corazón, mis pulmones, lo que sea; ni siquiera sé estas pequeñas cosas sobre mi propia vida. No estoy calificado para entender el panorama general de lo que Dios hace con el dolor y el sufrimiento mientras dirige el universo. Es como cuando un niño de un año sigue preguntando, "¿No? ¿Por qué?" Como padre, dices: "¡Sé más que tú!" O, "¡Porque yo dije!" La brecha entre un niño de un año y tú, no es nada comparado con la brecha entre Dios y tú. Es como la brecha entre Job y esas dos bestias y las bestias y Dios. Dios es mucho, mucho más grande. No es porque no seamos inteligentes, sino que solo somos personas. Miramos la vida a través de una pajita, y Dios ve la imagen panorámica. Entonces antes de que nos hagamos grandes y empecemos a cuestionar el amor de Dios o a tratar de entender por qué algo está sucediendo, tú y yo tenemos que darnos cuenta de que no podemos. No somos tan grandes como Dios.

Así que antes de exigir una razón por qué, no olvidemos quién. Tú y yo somos pequeños. Tú no eres gran cosa, y yo tampoco lo soy. Recordar ese hecho podría ayudarte a aferrarte a tu fe cuando la vida es difícil. Job dijo: "Me arrepiento. Me desprecio por decir lo que dije. Me arrepiento en polvo y cenizas porque hablé de cosas que no entendía, cosas demasiado maravillosas para que yo las supiera".

Recuerda quién eres. Pero aún mejor, número dos, recuerda quién es Dios. Él es el Dios de la tormenta más poderosa. Él es el Creador del gigante y el controlador del leviatán. Él es el Dios, según Jesús, que conoce el número de cabellos en tu cabeza; no tiene que adivinar. El sabe cada vez que un gorrión cae y muere. El tiene un nombre para cada estrella cuando miras al cielo como Job; Él lo sabe todo. Y lo mejor de todo, es que no usó su conocimiento para regodearse; usó su carácter como Dios para salvar a personas muy pequeñas, personas increíblemente pecadoras. Dios usó su grandeza para bendecirnos; eso es lo que Dios es.

Hace poco leí una historia sobre un hombre llamado Dave al que le diagnosticaron cáncer cerebral. Era terminal, y siete meses después del diagnóstico, tomaría su último aliento. Él y su esposa, Sharon, eran una pareja cristiana. Así que durante sus últimos días, Sharon se sentaba junto a su cama y sostenía su mano, acariciaba su cabello y hablaba del Dios en el que creían. Pero un día, uno de los miembros de su familia que no creía en este gran Dios se presentó. Vio el sufrimiento y se enojó. Conocía a Dave y a Sharon; eran gente increíble. No se merecían esto. Sabía que Sharon estaba a punto de ser viuda a una edad muy temprana; no se lo merecía. Él sabía que tenían hijos y estos niños pasarían por acontecimientos importantes de la vida sin que papá estuviera allí para amarlos, para guiarlos, para impartirles sabiduría. Se enojó cuando vio la insensatez del sufrimiento, y se quebró. En realidad le dijo a Sharon: "Sharon, ¿por qué no estás enojada?". Y esta fue su respuesta: "Mi marido merecía ir al infierno, pero ahora va al cielo. En su misericordia, mi Dios perdonó a mi esposo por la vida, la muerte y la resurrección de Jesús. ¿Quieres que me enoje? ¿Cómo puedo estar enojada con Dios por llevar a mi esposo al cielo?".

¡Boom! Eso es lo que Dios es. Cuando tú y yo pensamos demasiado en nosotros mismos:—"Soy una buena persona, merezco una vida fácil, no debería tener ningún sufrimiento, por supuesto que hay un lugar en el cielo para mí"—la vida va a ser difícil. La fe va a ser difícil. Pensarás que mereces más, pero si te das cuenta de que a pesar de todo lo que has hecho, Dios todavía te ama, cambiará la forma en que ves el sufrimiento. Empezarás a decir cosas como: "Me merezco lo peor. Puede que tenga un camino difícil por 50, 60, 100 años en esta tierra, pero tengo una eternidad en la presencia de Dios donde no hay dolor. Yo no merezco eso". De hecho, las preguntas de por qué que empiezas a hacer, darán vueltas en tu cabeza. Empezarás a decir: "Dios, ¿por qué te preocupas por mí? Dios, ¿por qué mi vida significaría algo para ti? Eres Dios. Nombras las estrellas, diriges el universo, mantienes los átomos trabajando como deberían. ¿Por qué te importa cuando rezo sobre el cáncer o la ansiedad o una solicitud de trabajo o una prueba? Tú eres Dios. ¿Por qué escuchas? ¿Por qué sigues amándome? Mis pecados son tantos. Me frustro conmigo. ¿Por qué dije eso? ¿Por qué me golpeé en el coche de camino a casa después de una fiesta porque dije cosas muy tontas? ¿Por qué no me traicionas? ¿Por qué no te cansas de mí? ¿Por qué no levantas tus manos y te alejas de mí? Dios, ¿por qué me amas? ¿Por qué enviaste a Jesús por mí? ¿Por qué vino Jesús y dio su vida por mí? ¿Por qué te importaría? Cuando me desvié, ¿por qué viniste tras de mí? Cuando estaba perdido, ¿por qué me encontraste? Cuando yo no quería nada que ver contigo y tú solo usabas lo que fuera para atraerme a la iglesia, a tu Palabra, a tu Hijo, ¿por qué me querrías a mí?".

La respuesta de Dios es: "Porque yo soy Dios. Eso es Quién". Un día, si crees en Jesús, llegarás al cielo. Y podría estar adivinando en este punto, pero no creo que cuando veas a Dios le preguntes por qué. Caerás de rodillas y lo adorarás por ser Quién. No vas a pasar tu primer semestre en presencia de la gloria en la clase *"Por qué 101"* donde Dios tendrá que demostrarte que había una buena razón. No, cuando lo veas, cuando experimentes su bondad, cuando tengas esa primera hora sin dolor, sufrimiento o quebrantamiento, cuando te des cuenta de que Dios es brillante y santo, que no mereces estar allí pero que Él te ha traído allí, no le preguntarás por qué. Le agradecerás por ser Quién.

Entonces la próxima vez que el diablo se meta con tu fe, puedes decir esto: "¿Por qué está sucediendo esto? No sé por qué, pero sé quién soy. Un pecador. No sé por qué, pero sé quién es Dios, mi Salvador". Recuerda Quién y no necesitarás un por qué.

Oración

Querido Dios, muchas gracias por tu increíble gracia y misericordia. No puedo ver en este momento lo que tú ves porque tú ves hasta el final de la historia. Ves todas las cosas que el enemigo quiere hacer para el mal y cómo las convertirás para el bien. Dios, si tuviera la respuesta, confiaría completamente en ti. Pero Dios, por alguna razón, no lo revelas. Todavía quiero confiar completamente en ti. Fija mis ojos en Jesús, quien vino a este mundo para dar su vida por mí para demostrar qué clase de Dios eres. Ayúdame a recordar que si eres el Dios que no perdonó a tu único Hijo sino que lo entregó por todos nosotros, ¿cómo no nos darás generosamente lo que necesitamos?

Dios, no necesito una respuesta. Solo necesito más de ti. Abre los ojos de mi corazón para verte como Job te vio. Ayúdame a comprender, mientras miro a mi alrededor las glorias de la naturaleza y especialmente cuando veo las cosas brillantes en tu Palabra, qué clase de Dios eres: un Dios cuya misericordia es mayor. Un Dios de compasión inagotable. Un Dios de amor ilimitado. Un Jesucristo que es mi piedra angular. Eres todo lo que necesito. Ayúdame a recordar eso. Ayúdame a adorar mi camino a través de esta lucha, a través de este valle, hasta que te vea cara a cara. Me aferro a ti hoy porque eres digno de ello. Todo esto lo pido en el gran y poderoso nombre de Jesús. Amén.

Para Estudio Adicional: ¿La falta de respuesta de Dios cuenta como respuesta?

Dr. Bruce Becker

El libro de Job trata sobre el dolor y el sufrimiento. Durante 35 capítulos, Job y sus amigos discutieron sobre por qué Job estaba sufriendo. ¿Fue Job malo? ¿Fue Dios malo? No podían entenderlo. Entonces en los capítulos 38 al 42, el Señor baja a la tierra y tiene una conversación cara a cara con Job.

> El Señor respondió desde la tempestad. Le dijo: «¿Quién es éste, que oscurece mi consejo con palabras carentes de sentido? Prepárate a hacerme frente; yo voy a interrogarte y tú me responderás». (Job 38:1-3)

¿Cuál fue el significado de que el Señor viniera a Job en una tormenta?

¿Qué quiso decir el Señor cuando usó la frase, "palabras sin conocimiento"?

Lo que sigue a continuación son las 77 preguntas que el Señor le pidió a Job que respondiera. Abre tu Biblia o una aplicación de la Biblia en tu teléfono y lee los capítulos 38-41.

Anota las diversas categorías o aspectos más amplios de la creación de Dios (ejemplo, el clima, 38:22) sobre los cuales el Señor cuestionó a Job. Ve cuántos puedes enumerar.

¿Cuántas de las 77 preguntas pudiste responder? ¿Tu respuesta te sugiere algo?

¿Cuál es tu pregunta favorita o más interesante que el Señor le hizo a Job? ¿Qué la hace tu favorita?

Un poco más de la mitad del rápido interrogatorio del Señor, Job habla. Él hace una confesión: **"¿Qué puedo responderte, si soy tan indigno? ¡Me tapo la boca con la mano! Hablé una vez y no voy a responder; hablé otra vez y no voy a insistir"** (Job 40:4,5).

¿Qué reconoció Job acerca de sí mismo?

¿Qué reconoció Job acerca del Señor?

¿Qué estaba tratando de lograr el Señor con sus preguntas de Job? (Pista: Ver página 137, el párrafo que comienza con "Eso es lo que Dios está haciendo con Job"). ¿Notaste que el Señor nunca respondió la pregunta de Job de por qué?

Después de que el Señor termina de cuestionar a Job, Job habla una vez más. Se arrepiente:

> «Yo sé bien que tú lo puedes todo, que no es posible frustrar ninguno de tus planes. "¿Quién es este —has preguntado—, que sin conocimiento oscurece mi consejo?". Reconozco que he hablado de cosas que no alcanzo a comprender, de cosas demasiado maravillosas que me son desconocidas. »Dijiste:[a] "Ahora escúchame, yo voy a hablar; yo te cuestionaré y tú me responderás". De oídas había oído hablar de ti, pero ahora te veo con mis propios ojos. Por tanto, me retracto y me arrepiento en polvo y ceniza». (Job 42:2-6)

¿Qué reconoció Job acerca de sí mismo?

¿Qué reconoció Job acerca del Señor?

La historia de Job no termina aquí. Vale la pena leer los últimos 11 versículos del libro. Lee Job 42:7-17.

> ¿Qué tuvo que decir el Señor a los tres amigos de Job?
>
> ¿Qué hizo Job por sus tres amigos?
>
> ¿Qué hizo el Señor por Job?

El Pastor Mike concluyó este capítulo y el libro con estas palabras: «Entonces la próxima vez que el diablo se meta con tu fe, puedes decir esto: "¿Por qué está sucediendo esto? No sé por qué, pero sé quién soy. Un pecador. No sé por qué, pero sé quién es Dios, mi Salvador". Recuerda quién, y no necesitarás un por qué».

¿Cuáles son tus pensamientos sobre las palabras finales del Pastor Mike? Considéralos por ti mismo o comparte tus pensamientos con otros en tu grupo.

¿Cuál es para ti la conclusión más significativa de este último capítulo?

Sobre los escritores

El Pastor Mike Novotny vierte su alegría basada en Jesús en su ministerio como pastor en The CORE (Appleton, Wisconsin) y como orador principal de Time of Grace, un ministerio de medios global que conecta a las personas con Dios a través de la televisión, la prensa y los recursos digitales. Sin miedo a llevar la gracia y la verdad a los temas más difíciles de nuestro tiempo, ha escrito numerosos libros, incluyendo *Lo Básico: Dios. Usted. Jesús. La fe.* Mike vive con su esposa, Kim, y sus dos hijas, Brooklyn y Maya; corre largas distancias; y juega al fútbol con otros hombres de mediana edad cuyos mejores días han quedado atrás.

El Dr. Bruce Becker actualmente se desempeña como vicepresidente ejecutivo de Time of Grace. También es un respetado y conocido consultor de la iglesia, presentador, asesor, podcaster y autor. Ha servido como pastor principal de dos congregaciones; como miembro de varias juntas; y en muchas comisiones, comités y grupos de trabajo. En 2012 completó su doctorado profesional en liderazgo y administración del ministerio. Bruce y su esposa, Linda, viven en Jackson, Wisconsin.

El Pastor Michael Ewart sirve como pastor del campus en The CORE, 922 Ministries en Appleton, Wisconsin. Antes de venir a Appleton, el Pastor Ewart fue misionero en Siberia,

Rusia, durante 12 años. Luego sirvió en una congregación intercultural en Omaha, Nebraska. Dios lo ha bendecido con una esposa, seis hijos y tres nietos (y contando).

Acerca de Time of Grace

Time of Grace es un ministerio independiente, financiado por donantes, que conecta a la gente con la gracia de Dios—su amor, gloria y poder—para que se den cuenta de que las cosas temporales de la vida no satisfacen. Lo que produce satisfacción es saber que debido a que Jesús vivió, murió y resucitó por todos nosotros, tenemos acceso al Dios eterno ahora y para siempre.

Para descubrir más, visite es.timeofgrace.org.

¡Ayuda a compartir el mensaje de la gracia de Dios!

Cada donativo que das ayuda a Time of Grace a alcanzar a personas de todo el mundo con las buenas nuevas de Jesús. Su generosidad y apoyo en la oración llevan el evangelio de la gracia a otros a través de nuestro ministerio de divulgación y les ayudan a experimentar una vida satisfecha al ver a Dios a su alrededor.

Done hoy en timeofgrace.org/donaciones.

¡Gracias!